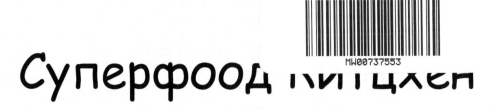

Суперфоод китцхен

Укусни и хранљиви рецепти за оптимално здравље. Откријте моћ суперхране и трансформишите своје здравље са 100 рецепата који се лако праве

Јелисавка Гогић

Ауторски материјал ©202 3

Сва права задржана

ПРЕГЛЕД САДРЖАЈА

УВОД

Добродошли у Суперфоод Китцхен, где ћете открити невероватну моћ суперхране и како она могу да трансформишу ваше здравље. Са преко 100 укусних рецепата који се лако праве, ова куварица је ваш водич за укључивање хране богате хранљивим материјама у ваше свакодневно кување.

Сваки рецепт је пропраћен фотографијом у пуној боји, тако да можете тачно видети како ваше јело треба да изгледа. Такође ћете наћи детаљна упутства о томе како да припремите и кувате сваки рецепт, као и информације о здравственим предностима сваке суперхране.

Од смутија за доручак и енергетских грицкалица до издашних супа и укусних главних јела, ова куварица ће вас одвести на кулинарско путовање које је и укусно и хранљиво. Научићете како да користите суперхрану као што су кељ, чиа семенке и киноа да побољшате укус и исхрану ваших оброка.

Без обзира да ли желите да смршате, повећате енергију или једноставно побољшате опште здравље, ова куварица је ваш водич у свет суперхране. Научићете о здравственим предностима сваке суперхране и како да их укључите у кување како бисте максимизирали њихову нутритивну вредност.

СУПЕРФООД ДОРУЧАК

1. Пахуљасти врући колачи са сосом од Ацаи бобица

Прави: 4 порције

САСТОЈЦИ:
АЦАИ БОБИСТИ СОС:
- 1 замрзнута чиста кесица асаи
- 1 ½ шоље смрзнутих мешаних бобица
- 1-2 кашике јаворовог сирупа

ВРУЋИ КОЛАЧИ:
- 1 ½ шоље белог спелтиног брашна
- 3 кашичице прашка за пециво
- Мали прстохват соли
- 1 шоља + 2 кашике сојиног млека
- 1 ½ кашичице екстракта ваниле

- 3-4 кашике јаворовог сирупа
- 1 кашика растопљеног кокосовог путера

УПУТСТВО:
АЦАИ БОБИСТИ СОС:
а)Додајте састојке у лонац на средњој ватри и згњечите бобице када омекшају. Смањите ватру на ниску и кувајте 5-10 минута уз повремено мешање.

b) Користите сос топао из шерпе или га ставите у фрижидер на неколико сати да се згусне.

ВРУЋИ КОЛАЧИ:
c) У великој посуди умутите мокре састојке, а затим промешајте преостале суве састојке. Требало би да буде густо, али течно и покушајте да не мешате превише тесто.

d) Загрејте тигањ на средњу температуру и када се загреје, сипајте отприлике $\frac{1}{2}$ шоље теста у средину. Сачекајте да се појаве мехурићи и окрените кување још 1-2 минута. Будите стрпљиви јер је потребно време да постанете пахуљасти.

e) Сложите палачинке и прелијте сосом/воћем од ацаи бобица и уживајте!

2. Вафли са сосом од Ацаи бобица

Прави: 4 порције

САСТОЈЦИ:
- 1 шоља бадемовог брашна
- 1 кашичица прашка за пециво
- $\frac{1}{2}$ кашичице соде бикарбоне
- $\frac{1}{4}$ шоље кокосовог шећера
- 1 шоља кокосовог млека
- 3 кашике кокосовог уља
- 1 прстохват екстракта ваниле
- 1 ланено јаје
- 1 кашика јаворовог сирупа

УПУТСТВО:

a) У чинији помешајте брашно, прашак за пециво, соду бикарбону, кокосов шећер и екстракт ваниле. У посебној шољи помешајте кокосово уље, кокосово млеко и ланено јаје.

b) Додајте мокре састојке у суве и мешајте док се добро не сједине.

c) Оставите у фрижидеру док се пегла за вафле загрева.

d) Подмажите пеглу са мало кокосовог уља и кувајте вафле док не постану златно смеђе и мало хрскаве.

e) За сос загрејте у малом тигању 2 шаке воћа са 3 кашике агавиног сирупа док се не појави желе конзистенција. оставите да се охлади и додајте 1 кашику Ацаи праха.

f) Прелијте вафле и украсите са још воћа.

3. Асхвагандха каша са компотом од шљива

Прави: 2 порције

САСТОЈЦИ:
ЗА КАШУ
- 100 г моцхи пиринча
- $\frac{3}{4}$ шоље воде
- 1 шоља пиринчаног млека
- прстохват соли
- 1 кашика заслађивача пиринча
- $\frac{1}{2}$ кашичице екстракта ваниле
- 1 кашичица Асхвагандха
ЗА КОМПОТ ОД ШЉИВА
- 300 грама шљива
- 2 кашике заслађивача пиринча
- 1 кашичица куркуме у праху

- Анис са 1 звездицом
- 1 штапић цимета
- 2 махуне кардамома

УПУТСТВО:
ЗА КАШУ:

a)Кувајте пиринач 10-15 минута са водом на лаганој ватри. Затим додајте млеко и наставите да кувате још 20 до 30 минута.

b) У кашу додајте кашику заслађивача од пиринча и зачините мало соли и ваниле.

c) Умутити Асхвагандху.

ЗА КОМПОТ:

d) Исеците шљиве на мале комадиће и ставите их у малу шерпу са водом, кашичицом соли, заслађивачем од пиринча, куркумом, штапићем цимета, звездастим анисом и кардамомом, па лагано динстајте око 10-15 минута на средње ниској ватри.

e) Уклоните штапић цимета, звездасти анис и махуне кардамома пре сервирања.

f)Послужите уз кашу.

4. <u>Палачинке од банане од ашваганде и куркуме</u>

Прави: 2 порције

САСТОЈЦИ:

- 1 шоља овсеног брашна без глутена
- 1 кашичица Асхвагандха
- 1 банана, нарезана
- 2 кашике млевених ланених семена
- 6 кашика воде
- $\frac{1}{2}$ кашичице соде бикарбоне
- $\frac{3}{4}$ шоље немлечног млека
- $\frac{1}{2}$ кашичице екстракта ваниле
- 1 кашичица цимета
- $\frac{1}{2}$ кашичице куркуме у праху

- 1 кашика јаворовог сирупа
- 1 кашичица јабуковог сирћета
- прстохват соли
- 1 кашичица кокосовог уља, за кување

ДРУГИ ПРЕЛИВИ:
- кокосове пахуљице
- било које локално воће
- путер од лешника
- какао зрна

УПУТСТВО:

а) Млевено ланено семе помешати са водом, промешати неколико пута и оставити да одстоји 20 минута

b) Сипајте брашно у посуду за мешање, додајте соду бикарбону и промешајте да се сједини

c) Додајте ланено брашно, млеко, ванилију, цимет, куркуму, јаворов сируп и сирће и промешајте да добијете пасту

d) Загрејте кокосово уље у великом тигању на лаганој ватри и пеците палачинку 1-2 минута, док странице не постану златно браон боје и док се на врху не формирају мехурићи.

e) Како се мехурићи формирају, почните додавањем неколико кришки банане на врх палачинке.

f)Окрените и пеците још 1-2 минута на другој страни.

5. Асхвагандха-Гоји-Оатс

Прави: 2 порције

САСТОЈЦИ:

- Брзо резани зоб
- Асхвагандха прах
- Гоји бобице
- Зачини
- Келтска морска со по укусу
- Душо
- Пуно млеко или бадемово млеко
- Опционо: црни сусам или ораси

УПУТСТВО:

a)Кувајте 1 шољу брзо резаног овса, 1 кашичицу ашваганде, зачине, гоји бобице и со у 3 шоље воде неколико минута.

b) Додајте мед и млеко по укусу

6. Гоји Берри Зоб

Прави: 2 порције

САСТОЈЦИ:
- Брзо резани зоб
- Асхвагандха прах
- Гоји бобице
- Зачини
- Келтска морска со по укусу
- Душо
- Пуно млеко или бадемово млеко
- Опционо: црни сусам или ораси

УПУТСТВО:

a)Кувајте 1 шољу брзо резаног овса, 1 кашичицу ашваганде, зачине, гоји бобице и со у 3 шоље воде неколико минута.
b) Додајте мед и млеко по укусу

7. Каша од јабука , гоји и орашастих плодова

Израђује: 4 порције

САСТОЈЦИ:

- ½ шоље ваших омиљених орашастих плодова
- 2 јабуке, очишћене од језгре и исечене на коцкице
- 1 кашика млевеног ланеног семена
- 2 кашике агавиног сирупа
- 1 кашика гоји бобица
- 6 сувих смокава, исецканих

УПУТСТВО:

a)Ставите орахе, јабуке, млевено ланено семе и агаву у процесор хране.

b) Прерадите у зрнасту кашу текстуре по вашем укусу.

c) За сервирање поделите у четири чиније. Прелијте гоји бобицама и смоквама и послужите.

8. Проклијала овсена каша са гоји бобицама

Израђује: 4 порције

САСТОЈЦИ:

- 2 шоље целе овсене крупице, намочене преко ноћи у 4 шоље воде и испране
- $\frac{1}{2}$ шоље урми без коштица, 1 шоља нарезане банане или $\frac{1}{4}$ шоље агавиног сирупа
- 2 кашике филтриране воде, по потреби
- $1\frac{1}{2}$ кашике ваше омиљене ароме
- $\frac{1}{2}$ шоље гоји бобица

УПУТСТВО:

a) Ставите зоб и урме у машину за храну са водом и претворите у кремасту текстуру сличну куваној овсеној каши.

b) По жељи додајте опционалну арому и воће и орахе.

c) Пулсирајте да се добро промеша.

9. Асхвагандха Бирцхер Мусли

Прави: 2 порције

САСТОЈЦИ:
- 2 шоље џамбо ваљане зоби
- Вегански јогурт
- 5-6 бадема, нарезаних
- 2 кашике чиа семена
- 1 кашика Асхвагандха праха
- 4 јагоде, исечене на кришке
- 1 кашика семена бундеве
- 2 кашике грожђица
- Мед или јаворов сируп по жељи

УПУТСТВО:

a) Празни џамбо ваљани зоб у масонској тегли или посуди

b) Додајте вегански јогурт, чиа семенке, бадеме, семенке бундеве, суво грожђе и ашваганду. Добро промешати.

c) Потопите преко ноћи у фрижидер.

d) Додајте мало млека да се поново меша док се не постигне глатка и жељена конзистенција.

e) Пре сервирања користите исечене кришке банане и јагоде као украс.

f) Додајте украс и заслађивач.

10. Асхвагандха Цхаи каша

Израђује: 2 порције

САСТОЈЦИ:
- Флаша од 12 унци Асхвагандха Цхаи, подељена
- 1 шоља незаслађеног бадемовог млека од ванилије, плус још за заливање
- 1 шоља воде
- $\frac{1}{2}$ кашичице кошер соли
- $\frac{1}{2}$ шоље ваљаних зоби
- $\frac{1}{2}$ шоље овса исеченог челика
- 1 кашика чистог јаворовог сирупа, плус још за заливање

- Млевени цимет, за украс

УПУТСТВО:

a) У средњем лонцу помешајте 1 шољу чаја, 1 шољу бадемовог млека, 1 шољу воде и со. Пустите да лагано крчка на јакој ватри.

b) Додајте обе врсте зоби и смањите температуру на средње ниску.

c) Оставите зоб да се кува на лаганој ватри, повремено мешајући, 20 минута. Умешајте 1 кашику јаворовог сирупа.

d) Поделите кашу између 2 чиније и по жељи покапајте мало додатног чаја, бадемовог млека и јаворовог сирупа.

e) Украсите мало цимета и уживајте!

11. Чоколадна гранола

Израђује: 2 порције

САСТОЈЦИ:
- 2 шоље ваљаних зоби
- 12 бразилских ораха, ситно сецканих
- $\frac{1}{4}$ шоље исечених бадема
- $\frac{1}{4}$ шоље кокосовог уља
- 2,5 кашике јаворовог сирупа
- 1 кашика кокосовог шећера (опционо)
- $\frac{1}{2}$ кашике какао праха
- 2 кашичице праха асхвагандха
- $\frac{1}{2}$ кашичице ваниле
- $\frac{1}{4}$ кашичице морске соли

- ⅓ шоље чоколадних чипса
- ½ шоље сушених дудова

УПУТСТВО:

a) Загрејте рерну на 325Ф и обложите лим за печење папиром за печење.

b) Помешајте све састојке осим чоколадних чипса и сушених дудова.

c) Смесу равномерно распоредите по плеху обложеном пергаментом и пеците 20 минута, мешајући на пола времена печења.

d) Док је гранола још врућа, пребаците је у посуду за мешање и додајте комадиће чоколаде и сушене дудове. Мешајте смесу док се чоколада не отопи и почне да прави грудвице.

e) Оставите да се потпуно охлади и чувајте у херметички затвореној посуди.

12. Асхвагандха каша

Марке: 4

САСТОЈЦИ
- 10 ком корена Асхвагандха
- 1 ½ литра воде
- 120 г пилетине
- 100 г мирисног пиринча (оперите и оцедите)
- 2 ком Суве печурке
- 12 ком Гингко ораха

МАРИНАДА ЗА ПИЛЕЋЕ МЕСО:
- 1 кашичица светлог соја соса
- 1 кашичица сусамовог уља

- $\frac{1}{2}$ кашичице кукурузног брашна

ЗАЧИНИ:

- $\frac{1}{4}$ кашичице бибера
- $\frac{1}{4}$ кашичице шећера
- $\frac{1}{4}$ кашичице сусамовог уља
- 1 кашичица светлог соја соса
- Со и бибер

ГАРНИСХИНГ

- 1-инчни свеж ђумбир

УПУТСТВА

a)Оперите и очистите пилетину. Затим га исеците на мале комаде.

b) Оставите пилеће кости по страни за каснију употребу.

c) У велику посуду додајте корење Асхваганде и пилеће кости. Доведите ово до кључања.

d) Ову чорбу кувајте на лаганој ватри 30-40 минута. Процедите темељац.

e) Оперите и исецкајте свеже печурке. Ако користите сушене печурке, потопите их у воду 15 до 20 минута. Исеците их на комаде.

f) Додајте пиринач, темељац, печурке и гинко орахе у свеж лонац. Држите ово на шпорету и доведите до кључања.

g) Кувајте смешу док пиринач не омекша. Можете задржати конзистенцију по вашој жељи.

h) Истовремено, полукувајте комаде пилетине у нелепљивом тигању са мало уља.

i) Додајте пилећи филе у мешавину пиринча. Кувајте ово још неколико минута док пилетина не омекша.

j) Искључите шпорет и подесите зачине.

k) Украсите комадићима ђумбира и послужите топло.

13. Кинески чај јаја

Прави: 6 јаја

САСТОЈЦИ
- 6 великих јаја
- ¼ шоље соја соса
- 2 шоље воде
- 2 цела звездастог аниса
- 1 штапић цејлонског цимета
- Кора од ¼ наранџе
- ½ кашичице црног бибера
- 1 кашика исеченог корена Асхвагандха
- 1 кашика кокосовог палминог шећера
- 3 кашике листова црног чаја

УПУТСТВА

a) У малом лонцу кувајте јаја око 5 минута. Оцедите јаја и оставите их у посуди са хладном водом док се јаја не охладе довољно за руковање.

b) Користећи полеђину мале кашике, тапкајте свуда око сваког јајета, све док љуска јајета не буде напукла, али још увек нетакнута. Ако се мали комадићи љуске јајета одвоје, то је у реду, али покушајте да љуска јајета буде у једном комаду око јајета.

c) Вратите јаја у шерпу. Додајте соја сос у шерпу. Додајте толико воде да покрије јаја. Додајте све састојке.

d) Доведите течност до кључања, а затим смањите ватру и кувајте поклопљено 30 минута.

e) Оставите шерпу да се охлади, а затим је ставите у фрижидер да одстоји најмање 6 сати, али најбоље преко ноћи.

14. Ацаи преко ноћи зоб

Израђује: 2 порције

САСТОЈЦИ:
- 1 1/ 4 шоље ваљане зоби
- 1 1/ 4 шоље бадемовог млека
- 1/3 шоље плус 2 кашичице јогурта
- 1 кашика Ацаи праха
- 1 кашика меда
- 1/4 кашичице екстракта ваниле
- прстохват соли

УПУТСТВО:
а)Мешајте све састојке док се добро не сједине.

b)   Ставите у фрижидер да се стегне и добије крему 1-2 сата или преко ноћи.

15. Залогаји француског тоста Ацаи

Прави: 4 порције

САСТОЈЦИ:
- 2 јаја
- $\frac{1}{4}$ шоље кокосовог крема
- 1 кашичица Ацаи праха
- прстохват соли
- Пола векне киселог теста
- кокосово уље за кување
- шећер за премазивање
- јаворов сируп за послуживање

УПУТСТВО:

a)Умутите јаја, кокосову крему, Ацаи и со у чинији.

b) Уклоните кору са хлеба и исеците на квадрате.

c) Загрејте мало кокосовог уља у великом тигању и радећи у серијама, убаците хлеб кроз мешавину јаја, отресите вишак и ставите у тигањ.

d) Окрените коцке како постану златне са сваке стране.

e) Када је печено са свих страна извадите из тигања и директно у шећер и ставите да се премаже.

f)Поновите са преосталим хлебом и послужите са јаворовим сирупом.

16. Ацаи Хот Цхоцолате

Израђује: 2 порције

САСТОЈЦИ:
- 1 $\frac{1}{2}$ шоље Ацаи пиреа
- 1 шоља пуномасног кокосовог млека
- 2 $\frac{1}{2}$ кашике какао праха
- 1 кашичица екстракта ваниле
- Прстохват соли

УПУТСТВО:
а) Додајте све састојке у малу шерпу. Умутите да се сједини и кувајте на средње јакој ватри.
b) Смањите топлоту на средње ниску и наставите да кувате док се не загреје.

c) Поделите равномерно између две шоље и украсите својим омиљеним врућим какао преливом!

СУПЕРФООД ТЕА

17. Гоји бобица чај

Израђује: 4 порције

САСТОЈЦИ:
- Врућа вода
- Шака гоји бобица

УПУТСТВО:
a)Прокухајте свој чајник.

b) Додајте своје сушене гоји бобице у врећицу за вишекратну употребу или у посуду за чај.

c) Прелијте кипућом водом и оставите да одстоји најмање пет минута.

d) Уживати!

18. Чај од хризантеме са гоцијем

Марке: 4

САСТОЈЦИ:

- 4 шоље кључале воде
- 1 Т а б ле с поон Цвеће хризантеме
- 1 Т а б ле с поон гоји бобица
- 4 црвене урме без коштица
- Душо

УПУТСТВО:

a)Додајте цвеће хризантеме, урме и гоји бобице у лонац.

b) Додајте 4 шоље вреле воде.

c) Пустите да одстоји 10 минута.
d) Процедити и додати мед.

19. Гоји бобице и чај од дамјане

Прави: 2 порције

САСТОЈЦИ:
- 1 кашика гоји бобица, свежих или сушених
- 1 кашичица дамиана
- ½ кашичице праха корена сладића

УПУТСТВО:
a) Ставите све састојке у чајник и прелијте га са 10 оз кључале воде.

b) Оставите да одстоји 10-15 минута, а затим послужите.

c) Инфузија се такође може оставити да се охлади и послужити као хладно пиће.

20. Чај од шипка и боровнице

Прави: 2 порције

САСТОЈЦИ:
- 1 кашика љуске шипка, свеже или осушене
- 1 кашика боровнице, свеже или сушене
- 1 кашичица коре поморанце
- 1 кашичица гоји бобица, свежих или сушених

УПУТСТВО:
а)Ставите све састојке у чајник и покријте га са 10 фл унци кључале воде.

b) Оставите да одстоји 10-15 минута, процедите и послужите.

21. Гоји воћни чај од црвене урме

Прави: 6 порција

САСТОЈЦИ:
- 25 грама црвених урми, коштица уклоњена
- 20 грама сушеног лонгана
- 20 грама гоји бобица
- 1,75 Л воде

УПУТСТВО:
a)Отворите један од унапред порционисаних комплета воћног чаја Гоји Ред Датуле.
b) Проври 1,75 Л воде.
c) Исперите састојке и ставите све у кипућу воду.

d)   Смањите ватру и кувајте један сат.
e)   Послужите и уживајте!

22. Гоји Берри чај од ђумбира

Прави: 3 шоље

САСТОЈЦИ:
- $\frac{1}{4}$ шоље гоји бобица
- 3 шоље вреле воде
- 1-инчни ђумбир, танко нарезан
- $\frac{1}{4}$ шоље каменог шећера

УПУТСТВО:
а)Оперите гоји бобице у хладној води неколико пута. Оцедите воду.

b) Донесите 3 шоље воде да проври. Искључите ватру и скините са шпорета.

c) Додајте гоји бобице, ђумбир и камени шећер.

d) Покријте поклопцем и оставите да одстоје 1 сат за максималан укус.

e) Отворите поклопац и сипајте их у шоље са бобицама ако желите и спремни за уживање

23. Чај од јабуке, гоји бобица и меда

Марке: 8

САСТОЈЦИ:

- 1 килограм црвене јабуке, ољуштене и очишћене од језгре
- 2 урме од меда
- 2 литра воде
- 3 кашике гоји бобица
- камени шећер, по укусу
- кришке јабуке за украс

УПУТСТВО:

a)Ставите јабуке, медене урме и воду у лонац. Довести до кључања. Смањите топлоту и кувајте 1 сат.

b) Цедиљком оцедити да добијете сок од јабуке.

c) Вратите сок од јабуке у лонац. Додајте гоји бобице и поново прокувајте. Смањите топлоту и кувајте 15 минута.

d) Додајте камени шећер по потреби. Ово можда неће бити потребно ако су јабуке посебно слатке.

e) Искључите топлоту. Пребаците у бокал. Послужите топло или охлађено. Можете додати неколико кришки јабуке у сваку чашу за сервирање као украс.

СУПЕРФООД СНАЦКЕС

24. Ацаи Берри Иогурт Барк

Израђује: 6 порција

САСТОЈЦИ:
- Грчки јогурт од 26 унци
- $\frac{1}{4}$ шоље меда
- $\frac{3}{4}$ шоље горко-слатке чоколаде
- $\frac{1}{2}$ шоље пекана, сецканих
- 2 јагоде, нарезане
- $\frac{1}{2}$ шоље Ацаи бобица

УПУТСТВО:
а)Ставите комадиће чоколаде у посуду безбедну за микроталасну пећницу и

загревајте у интервалима од 30 секунди, мешајући између њих док не постане глатко.

b) У великој посуди за мешање помешајте грчки јогурт са медом.

c) Обложите плех папиром за печење или пек папиром.

d) Смешу од јогурта равномерно распоредите по целом плеху.

e) Ставите чоколаду у мале брежуљке по целој кори. Користите чачкалице да завртите чоколаду.

f) Одозго ставите бобичасто воће, а затим пекане.

g) Замрзните 2 сата. Изломите кору на комаде и послужите. Чувајте у херметички затвореној посуди у замрзивачу до 2 месеца.

25. Чоколадна кора са гоји бобицама

Производи: 20 комада

САСТОЈЦИ:
- 12 унци чоколадног чипса
- 2,5 кашике праха морске маховине
- 1 кашика семена конопље
- ½ шоље сирових орашастих плодова
- 2 кашике гоји бобица
- ½ кашичице хималајске морске соли, опционо

УПУТСТВО:

a)Сакупите састојке. Припремите састојке тако да се чоколадна кора може лако саставити.

b) Узмите велику посуду за микроталасну пећницу, додајте чоколаду, а затим истопите чоколаду у интервалима од 30 секунди у микроталасној пећници, мешајући између сваког интервала.

c) Када се чоколада потпуно отопи, пребаците чоколаду на тањир обложен пергаментом или лим за печење. Користите лопатицу да раширите чоколаду у танком равном слоју, дебљине око $\frac{1}{4}$ инча.

d) Додајте на преливе.

e) Пребаците тањир у фрижидер и оставите да се чоколада стегне, што би требало да траје око 30 минута.

f)Када се чоколада стегне, можете је изломити на комаде величине залогаја.

g) Уживајте у чоколади! Чувајте остатке чоколадне коре у херметички затвореној посуди у фрижидеру до недељу дана.

26. Гоји Берри Фат Бомбс

Марке: 15

САСТОЈЦИ:

- 1 шоља кокосовог уља, растопљеног
- 1 кашичица екстракта ваниле
- 1 кашика стевије
- $\frac{1}{2}$ кашичице морске соли
- 4 кашике какао праха
- $\frac{1}{2}$ шоље бадемовог путера омекшаног
- 2 кашике путера, несланог, омекшаног
- $\frac{1}{4}$ шоље ораха, сецканих
- $\frac{1}{4}$ шоље свежих гоји бобица

УПУТСТВО:

a)Помешајте кокосово уље и екстракт ваниле у процесору за храну док не постане глатка.

b) Убаците стевију и посолите. Умешајте какао прах док смеса не постане глатка и нема грудвица.

c) Блендајте 3 минута након што додате бадемов путер и конвенционални путер.

d) Припремите малу тепсију за колаче тако што ћете чаше обложити улошцима за чаше од воштаног папира. Напуните шоље до две трећине до краја и прелијте орасима и гоји бобицама.

e) Замрзните 30 минута или док се смеша не учврсти. Припремите јело и послужите га својим гостима.

27. Гоји бобице протеинске куглице

Марке: 12

САСТОЈЦИ:
- 25 датума
- 1 шоља индијских орашчића
- 1 шоља овса
- ½ шоље сушених гоји бобица
- 1 цео лимун

УПУТСТВО:
a) Уклоните коштице, а затим потопите датуље око 20 минута да омекшају.

b) У међувремену, исцедите корицу и сок од лимуна.

c) Затим додајте све своје састојке, осим гоји бобица, у процесор хране и умутите да се сједини.

d) Када је смеша лепљива, али још увек мало зрнаста, додајте своје гоји бобице.

e) Све још једном брзо промешајте у процесору за храну, а затим извадите смесу и уваљајте је у куглице величине залогаја.

f)За мало додатног укуса, уваљајте куглице у још мало лимунове корице, или за неку хрскаву текстуру, покушајте да их уваљате у осушени кокос.

28. Гоџи бобице и кора беле чоколаде

Марке: 4

САСТОЈЦИ:
- 12 унци чипса беле чоколаде
- 3-4 унце гоји бобица
- Црвено-беле прскалице

УПУТСТВО:

a)Исеците комад пергаментног папира на 8к11 инча. Ставите на послужавник или даску за сечење. Половину гоји бобица равномерно распоредите преко пергамент папира.

b) Ставите комадиће беле чоколаде у посуду за мерење или посуду за микроталасну пећницу. Пеците у микроталасној у корацима од 45 секунди, мешајући између њих док се чоколада не отопи. Алтернативно, можете истопити чоколаду методом двоструког котла.

c) Гоји бобице прелијте отопљеном чоколадом и шпатулом распоредите чоколаду у танком слоју до ивица пергамента. Поспите преостале гоји бобице и поспите по врху. Пребаците у фрижидер да се потпуно охлади и поставите.

d) Исеците на жељене величине и послужите.

29. Кокосове куглице од гоји бобица

Марке: 15

САСТОЈЦИ:

- 1 шоља упакованих урми без коштица
- 1 шоља ситног или средњег незаслађеног исецканог кокоса
- ½ шоље сирових индијских орашчића
- ½ шоље сушених гоји бобица
- додатни кокос за премазивање, опционо

УПУТСТВО:

a)Ставите урме у чинију и прелијте их врелом водом. Пустите да одстоји 15 минута па добро оцедите.

b) Додајте кокос, гоји бобице и индијски орах у процесор за храну и мешајте на високој температури око 30 секунди.

c) Додајте оцеђене урме и претворите у мрвичасто тесто.

d) Разваљајте тесто на 15 лоптица и по жељи их уваљајте у исецкани кокос. Чувајте у фрижидеру до 7 дана или у замрзивачу до 3 месеца.

30. Гоји кокос троуглови бадема

Марке: 6

САСТОЈЦИ:
- 3 шоље сирових бадема
- ½ шоље гоји бобица
- 1 шоља кокосових пахуљица
- 2 кашике кокосове воде у праху
- ⅓ шоље меда
- 1 кашичица екстракта ваниле
- ¼ кашичице соли
- ⅓ топле воде

УПУТСТВО:

a)У процесору за храну измрвите бадеме док не буду фини. Умешајте остале суве састојке и поново пулсирајте. Сипајте у велику посуду и оставите на страну.

b) У другој посуди помешајте мед, топлу воду и ванилију. Добро промешати и додати сувим састојцима . Додајте цимет и со и добро промешајте.

c) Ставите смесу у велику посуду за печење и рукама равномерно притисните у плех.

d) Оставите шипке да се охладе у фрижидеру најмање 30 минута пре него што их исечете на квадрате за сервирање.

31. Ацаи Енерги Балл

Израђује: 6 порција

САСТОЈЦИ

- 2 кашике Ацаи праха
- 1 шоља глатког путера од индијског орашчића
- $\frac{1}{4}$ шоље јаворовог сирупа или другог течног заслађивача по избору
- $\frac{1}{2}$ шоље ваљаних зоби
- $\frac{1}{4}$ шоље исушеног кокоса
- $\frac{1}{2}$ шоље протеинског праха

УПУТСТВА

a) у посуди помешати путер од индијског ораха, ваљани зоб, Ацаи прах, чисти јаворов сируп, осушени кокос и протеински прах

b) када се потпуно сједини, кашиком сипајте препуну супену кашику и чврсто притисните смешу у рукама

c) ваљати између дланова да се формира кугла, па ставите на плех обложен папиром за печење

d) када се сва смеса уваља у куглице, ставите је у фрижидер на неколико сати

32. Ацаи Барс

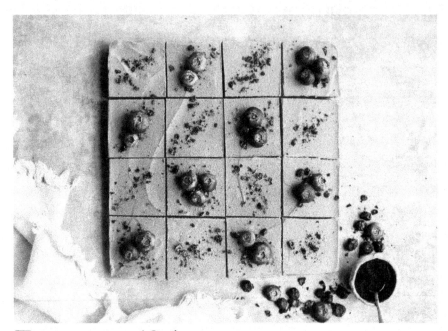

Производи: 10 барова

САСТОЈЦИ
- $\frac{1}{2}$ шоље сирових ораха
- 1 $\frac{1}{2}$ шоље ваљаних зоби
- $\frac{1}{4}$ кашичице морске соли - опционо
- $\frac{3}{4}$ шоље упаковане меке медјоол урме без коштица - отприлике 9-10 средњих урми
- $\frac{1}{4}$ шоље семена конопље
- $\frac{1}{4}$ шоље Ацаи праха
- $\frac{1}{4}$ шоље јаворовог сирупа
- 1 кашичица екстракта ваниле
- $\frac{1}{2}$ шоље веганских чоколадних чипса

- $\frac{1}{4}$ шоље исецканих незаслађених кокосових пахуљица
- $\frac{1}{4}$ шоље гоји бобица

УПУТСТВА

a) Загрејте рерну на 350 Ф. Обложите плех за печење 8×8 папиром за печење.

b) Додајте орахе у процесор за храну и обрадите их док се не разбију на веома мале комаде.

c) У голи плех додајте зоб и орахе из машине за печење.

d) Рукама раширите и сједините, па по жељи поспите морском сољу. Пеците 10-12 минута или док не порумене. Пребаците у чинију да се мало охлади.

e) Тепсија за печење прекривена зобом и орасима.

f) У међувремену, у машину за храну додајте урме, семенке конопље, Ацаи прах, јаворов сируп и ванилију. Блендајте док се темељно не сједини.

g) Уклоните сечиво и помоћу лопатице пренесите Ацаи смешу у средњу посуду.

h) Додајте пржену мешавину овса/ораха у чинију и помешајте са мешавином Ацаи. Мешајте кашиком док се добро не сједини. Ставите комадиће чоколаде и промешајте да се сједини.

i) Пребаците смешу у посуду 8×8 и равномерно притисните. Користите лопатицу да чврсто притиснете. Затим равномерно поспите гоји бобице и утисните у смесу, а затим додајте кокосове љуспице, чврсто притискајући. Што више притискате, шипке ће се боље држати заједно.

j) Замрзните 20 минута да се стврдне. Када сте спремни, уклоните их тако што ћете ухватити ивице пергамент папира и пребацити на даску за сечење. Користећи велики нож, исеците на 10 квадрата.

k) Упутства за складиштење: Чувати у фрижидеру у херметички затвореној посуди до 2 недеље или у замрзивачу 2 месеца. Ако је замрзнут, одмрзните у фрижидеру преко ноћи.

33. Асхвагандха Хазелнут Скуарес

Марке: 8

САСТОЈЦИ:

- 4 сушене урме
- 2 суве кајсије
- 2 кашике сировог меда
- 8 лешника
- 8 половина ораха
- 8 индијских ораха
- 2 кашике ренданог кокоса
- 1 кашика праха Асхвагандха
- 1 кашика екстракта ваниле
- Прстохват химaлajске соли

- 1 кашичица семена сусама за украс

УПУТСТВО:

a) У процесору за храну помешајте све састојке и блендајте док не постане глатка.

b) Помоћу лопатице распоредите смесу на плех обложен папиром за печење.

c) Поспите сусамом и оставите у фрижидеру најмање пола сата.

d) Извадите га из фрижидера и исеците на четири квадрата.

34. Асхвагандха индијски орах

Производи: 16 бара

САСТОЈЦИ:
ЦРУСТ
- $\frac{3}{4}$ шоље исецканог кокоса
- 1 $\frac{3}{4}$ шоље активираних сунцокретових семенки, натопљених
- ⅓ шоље медјоол урми без коштица
- 1 кашичица цејлонског цимета
- $\frac{1}{2}$ кашичице морске соли
- 2 кашике хладно цеђеног кокосовог уља
ФИЛЛИНГ
- 2 шоље сирових индијских орашчића, натопљених преко ноћи

- 1 шоља исецканог кокоса
- 1 шоља кокосовог кефира
- ⅓ шоље јаворовог сирупа, по укусу
- ¼ кашичице пасуља ваниле
- 2 кашике свежег лимуновог сока
- 1 кашичица лимунове коре
- 2 кашике праха Асхвагандха
- ½ кашичице морске соли
- ½ кашичице куркуме у праху
- ¼ кашичице црног бибера
- ¼ шоље кокосовог уља

УПУТСТВО:
ЦРУСТ

a) У шерпи истопите сво кокосово уље.

b) Комбинујте исецкани кокос, семенке сунцокрета, медјоол урме, цимет и морску со у процесору за храну. Пулсирајте мешавину док се не формира фина мрвица.

c) Полако прелијте са 2 кашике загрејаног кокосовог уља. Поново пулсирајте састојке.

d) Сипајте смесу за кору у обложен плех за колаче и чврсто и равномерно притисните да се формира кора.

e) Ставите га у замрзивач.

ФИЛЛИНГ

f) У процесору за храну помешајте индијски орах, рендани кокос, кефир, јаворов сируп, махуну ваниле, сок од лимуна, корицу лимуна, ашваганду прах, морску со, куркуму и црни бибер док се не формира фина мрвица.

g) Полако умешајте растопљено кокосово уље/путер.

h) Златни млечни фил састружите шпатулом преко коре и равномерно распоредите.

i) Ставите калуп у фрижидер преко ноћи да се стегне.

j) Извадите јело из фрижидера/замрзивача када је спремно за послуживање.

k) Ставите блок на велику даску за сечење и одмрзните 10 до 15 минута ако је потребно.

l) Исеците га на 16 квадрата равномерно.

m) Послужите одмах са кокосовим пахуљицама на врху!

35. Куглице од маслаца од ораха и кокоса

Прави: 12 лоптица

САСТОЈЦИ:

- 16 оз. путер од лешника
- $\frac{1}{2}$ шоље сувог воћа
- $\frac{1}{2}$ шоље полуслатких чоколадних чипса или какао зрна
- $\frac{1}{4}$ шоље чиа семена
- $\frac{1}{4}$ шоље меда или агавиног сирупа
- $\frac{1}{4}$ шоље Асхвагандха праха
- $\frac{1}{2}$ кашичице куркуме у праху
- $\frac{1}{2}$ кашике млевеног цимета

● Кокосове љуспице, довољно за премазивање

УПУТСТВО:

a) Мешајте све састојке док не изгледају као осушено тесто за колаче.

b) Поделити тесто на мале лоптице.

c) Куглице премажите кокосовим листићима.

d) Оставите да одстоји 1 сат у фрижидеру да се стегне.

36. Датум тартуфи

Марке: 8

САСТОЈЦИ:
- 10 урми, осушених и без коштица
- 2 кашичице праха ашваганде
- ½ шоље црних или полуслатких чоколадних чипса
- 1 кашичица кокосовог уља, рафинисаног
- Морска со и сусам за прелив

УПУТСТВО:
а)Користећи блендер или процесор за храну, измешајте урме и ашваганду у пасту. Разваљајте у мале куглице. Ако је превише леплив за облик, ставите у фрижидер 10

минута. У међувремену, загрејте комадиће чоколаде и кокосово уље у малом тигању на средњој ватри. Често мешајте.

b) Умочите куглице од хурми у чоколаду да их премажете и спасите кашиком. Ставите на плех обложен папиром за печење и поспите морском сољу и сусамом. Оставите у фрижидеру или замрзните да се охлади и стегне чоколаду.

37. Асхвагандха Траил Мик

Марке: 4

САСТОЈЦИ:
- 1 кашика кокосовог уља
- 1 кашичица кима у праху
- 1 кашичица кардамома у праху
- 1 шоља златних сувог грожђа
- 1 шоља семена бундеве
- 1 кашика семена сусама
- 1 кашичица праха асхвагандха

УПУТСТВО:
а)У малом тигању загрејте кокосово уље на средње јакој ватри. Након што уље постане течно, додајте ким и кардамом. Загрејте уље

и зачине 1 минут или док не постану ароматични.

b) У тигањ додајте суво грожђе, семенке бундеве и сусам и промешајте да се равномерно премаже уљем и зачинским биљем.

c) Повремено мешајте 3-5 минута или док семенке не почну да порумене, а затим склоните са ватре и умешајте асхвагандху. Пребаците на пергамент папир и равномерно распоредите да се охлади.

d) Једите док сте још топли за додатни ефекат уземљења.

38. Енергетске куглице без печења

Марке: 4

САСТОЈЦИ:
ЗА ЕНЕРГЕТСКЕ ЛОПТЕ:

- $\frac{3}{4}$ шоље ораха натопљених и дехидрираних
- $\frac{3}{4}$ шоље бадема натопљених и дехидрираних
- 8 урми без коштица
- $\frac{1}{8}$ шоље чиа семена
- 1-$\frac{1}{2}$ кашике кокосовог уља
- $\frac{1}{4}$ шоље какао праха
- 1-$\frac{1}{2}$ кашике сировог меда
- 1 кашичица млевеног цимета

- 1 кашичица екстракта ваниле
- 2 кашике маке праха
- 2 кашичице праха ашваганде
- 2 кашике какао зрна по жељи

ЗА УВАЉАВАЊЕ ЕНЕРГЕТСКИХ КУГЛИЦА У:

- прах бобица се прави млевењем лиофилизованих бобица
- незаслађени исецкани кокос
- какао прах

УПУТСТВО:

а) Потопите урме у топлу воду око 10 минута да омекшају.

b) Док се урме намачу, у машини за храну самељите бадеме и орахе.

c) Процедите воду од урми и додајте их у машину за храну. Пулсирајте док се не формира конзистенција попут теста. Додајте остале састојке и мешајте док се добро не сједине.

d) Формирајте лоптице. По жељи уваљајте у прах од јагодичастог воћа, сецканог кокоса или какао праха. Чувајте у затвореној посуди у фрижидеру до 4 дана.

39. Асхвагандха Хеалтхи Баллс

Марке: 4

САСТОЈЦИ:

- $\frac{1}{2}$ шоље палминог воћа
- $\frac{1}{4}$ шоље органског праха Асхвагандха
- 3 кашике гхее
- 1 кашичица кардамома у праху
- 1 кашичица цимета у праху
- 1 кашика пшеничног брашна

УПУТСТВО:

а)Загрејте тигањ са дебелим дном на лаганој до средњој ватри и додајте палмино месо и мало воде. Наставите да мешајте ово док се чачкалица потпуно не растопи и не формира конзистенцију налик на низ.

b)   Сада додајте прах Асхвагандха. Дајте му добру мешавину тако да се добро комбинује са јаггери.

c)   Слично, додајте гхее и поново га добро промешајте. Такође, смањите ватру и додајте кардамом у праху и пшенично брашно. Поново добро промешајте и искључите топлоту.

d)   Ову припремљену смешу охладите 5 минута. Када се мало загреје, обликујте га у лоптице. Уверите се да куглице нису премале и не превелике. Отприлике по једну унцу. Послужите или чувајте у херметички затвореној посуди или стакленој тегли.

40. Цацао Асхвагандха бадеми

Производи: 3 шоље

САСТОЈЦИ

- 3 шоље сирових бадема
- 2 кашике екстра девичанског маслиновог уља
- $\frac{1}{4}$ шоље чистог јаворовог сирупа
- 1 кашичица морске соли

ПРЕМАЗ

- $\frac{1}{4}$ шоље кокосовог шећера
- $\frac{1}{4}$ шоље сировог какао праха - подељено
- 2 кашичице Асхвагандха праха

УПУТСТВА

ПРЕМАЗ

a) У процесору за храну умутите заједно шећер, 2 кашике какаоа и асхвагандху.

b) Оставите на страну, заједно са малом чинијом са преостале 2 кашике какао праха.

БАДЕМИ

c) Загрејте рерну на 350 степени.

d) Распоредите бадеме у једном слоју на лим за печење обложен пергаментом и пеците 10 минута.

e) У средњој посуди помешајте уље, јаворов сируп и со.

f) Када се бадеми пеку десет минута, додајте их у посуду са течношћу и мешајте док се добро не прекрију. Равномерно распоредите бадеме на плех.

g) Вратите у рерну још 4 минута, промешајте, а затим вратите на 4 минута.

h) Сипајте бадеме заједно са било којим карамелизованим сирупом који остане у чинији.

i) Добро промешајте какао мешавину.

j)   Равномерно распоредите бадеме на плех са новим листом папира за печење. Остави да се охлади.

k)   Малом ручном цедиљком или мрежастим цедиљком за чај поспите бадеме резервисаним какао прахом или их истресите у теглу.

41. Залогаји протеина какаоа

Марке: 4

САСТОЈЦИ:

- 1 шоља обичног старомодног овса
- ½ шоље ваниле или обичног протеинског праха
- ½ шоље кремастог путера од кикирикија
- 3 кашике меда
- ¼ шоље сецканих сланих бадема
- ¼ шоље какао зрна
- 1 кашичица екстракта ваниле
- 1 кашичица праха асхвагандха

УПУТСТВО:

a)Комбинујте све састојке у средњој посуди за мешање.

b) Ролл у лоптице; ставите у фрижидер да се стегне.

c) Чувајте на собној температури или у фрижидеру до 1 недеље.

42. Чоколадна кора од пеперминта

Марке: 4

САСТОЈЦИ:

- 1 ½ шоље какао
- 1 кашичица корена Асхвагандха
- 1 шоља кокосовог уља
- 1 кашичица ваниле
- ½ кашичице цимета
- ¼ кашичице мушкатног орашчића
- 2 кашике јаворовог сирупа
- 3 штапића пеперминта изгњечена

УПУТСТВО:

a)Плех обложите папиром за печење и оставите са стране

b) У лонцу средње величине на лаганој ватри почните да топите кокосово уље. Затим помешајте све додатне састојке и лагано умутите док не постане глатка (око 1 мин)

c) Искључите ватру и лопатицом пренесите на плех обложен пергаментом

d) Нежно поспите згњечену менту преко чоколаде

e) Ставите у фрижидер на 3 сата или преко ноћи

f)Разбијте кору на жељене величине. Чувајте у стакленим теглама или послужите одмах

43. Ацаи Макуи Берри Барс

Производи: 16 бара

САСТОЈЦИ
ЗА КОРУ
- $\frac{3}{4}$ шоље незаслађеног кокоса у листићима
- $\frac{1}{4}$ шоље бадемовог брашна
- 4 медјоол урме без коштица
- 2 кашике кокосовог уља
- $\frac{1}{4}$ кашичице кошер соли

ЗА ЧИЗКОЛАЧ
- 2 шоље сирових индијских орашчића, натопљених

- $\frac{1}{2}$ шоље пуномасног кокосовог млека из конзерве
- $\frac{1}{4}$ шоље кокосовог уља, растопљеног и охлађеног
- $\frac{1}{3}$ шоље чистог јаворовог сирупа
- $\frac{1}{4}$ шоље свежег лимуновог сока
- $\frac{1}{4}$ шоље мешавине Ацаи Макуи Берри
- Боровнице за украшавање

УПУТСТВА

a)Плех 8×8" обложите папиром за печење и подмажите кокосовим уљем. Оставите на страну.

b) Додајте кокос, бадемово брашно, урме без коштица, кокосово уље и со у процесор за храну или блендер велике снаге и измрвите док се не сједини у неку врсту лепљивог теста, са малим комадићима. Немојте превише обрадити, иначе ће се претворити у путер од орашастих плодова! Утисните тесто за урме равномерно дуж дна припремљеног плеха.

c) У истом процесору за храну или блендеру велике снаге, помешајте све састојке за пуњење и блендајте 2-3 минута, или док смеса не постане свиленкасто глатка и кремаста. По потреби остружите стране.

d) Када постане глатка, пробајте смешу и прилагодите нивое слаткоће / киселости, ако желите.

e) У припремљен плех сипајте фил преко коре. Загладите врх и неколико пута снажно ударите тигањем о радну површину да бисте ослободили мехуриће ваздуха.

f) Ставите на равну површину у замрзивач да се стегне најмање 3 сата пре резања. Препоручујем да ставите нож под врелу воду да бисте га загрејали пре него што сечете шипке још врућим ножем. Пустите их да се одмрзну на собној температури 10-15 минута пре сервирања.

g) Чувајте остатке чврсто умотане у замрзивачу.

44. Чоколадни залогаји тартуфа АЦАИ

Израђује: 6 порција

САСТОЈЦИ
- ½ Ацаи пире
- ¼ шоље кокосовог уља, отопљеног
- Уклоњене коштице од ½ шоље Медјоол урма
- ¼ шоље семена конопље
- 2 кашике какао праха
- 2 кашике меда
- Прстохват чоколадног соса за ваљање

ПРЕЛИВИ:
- Пчелињи полен
- Цоцонут Флакес

- Цацао Нибс
- Цаиенне Повдер

УПУТСТВО:

a) У процесору за храну помешајте асаи, кокосово уље, урме, кокосове пахуљице, семенке конопље, какао прах, мед и со.

b) Ставите мешавину у чинију, покријте и оставите да одстоји најмање сат времена. Када се мешавина стврдне, извадите куглице величине кашичице. Сваку куглицу уваљати у чоколадни сос. Уверите се да су потпуно покривени, а затим их оставите на страну да се стврдну.

c) Пре него што се чоколада потпуно стегне, поспите је својим преливима.

45. Банане прекривене чоколадом Ацаи

Израђује: 6 порција

САСТОЈЦИ
- ½ Ацаи пире
- Смрзнуте банане, ољуштене и замрзнуте
- 1 плочица веганске тамне чоколаде
- Морска со
- Екстракта ваниле
- Кокосово уље

УПУТСТВО:
а)Да направите чоколадни сос: Користећи дупли котао, загрејте комадиће чоколаде, уље, со, ванилију и Ацаи паковање. Можда

ћете морати да додате још мало уља, али стално мешајте да ништа не загори.

b) Да направите банане: лим за печење обложите папиром за печење и извадите замрзнуте банане из замрзивача. Можете их уваљати у чоколаду или ножем намазати топлим чоколадним сосом. Када се умоче у чоколаду, додајте преливе, а затим их вратите у замрзивач да се стегну. Пустите да се замрзне најмање сат времена.

46. <u>Цростини од буттернут са Ацаи Дриззле</u>

Прави: око 16 кростина

САСТОЈЦИ:

- 1 средња тиква од буттернут, ољуштена, очишћена од семена и исечена на коцкице од $\frac{1}{2}$ инча
- 2 кашике екстра девичанског маслиновог уља, плус још за заливање
- ⅓ шоље тостираних лешника, грубо исецканих
- $\frac{1}{2}$ Ацаи пире
- 2 кашике балзамико сирћета
- 1 багет, нарезан на кругове дебљине 1 инча
- Сецкани свеж власац, за украс

УПУТСТВО:

a) Загрејте рерну на 400 степени Ф.

b) Прелијте тикву са 2 кашике маслиновог уља и зачините сољу и црним бибером. Равномерно распоредите на велики плех и пеците 20 минута, бацајући до пола, док тиквица не омекша и лагано се карамелизује.

c) У међувремену, помешајте Ацаи, балзамико и прстохват соли у малом лонцу. Пустите да проври и кувајте док се не згусне, око 20 минута.

d) Када је тиквица готова, багет лагано покапајте маслиновим уљем и тостирајте у загрејаној рерни. Када је спреман, сваки круг хлеба прелијте мерицом тиквице од буттернут-а, поспите лешницима и прелијте Ацаи-балзамико сосом. Украсите власцем и послужите.

СУПЕРФООД БОВЛС

47. Ацаи чинија са микрозеленом купусом

Производи: 2 Ацаи чиније

САСТОЈЦИ:
- $\frac{1}{2}$ шоље микрозелена купуса
- 1 смрзнута банана
- 1 шоља смрзнутих црвених бобица
- 4 кашике Ацаи праха
- $\frac{3}{4}$ шоље бадемовог или кокосовог млека
- $\frac{1}{2}$ шоље обичног грчког јогурта
- $\frac{1}{4}$ кашичице екстракта бадема

ГАРНИР:
- Тостиране кокосове пахуљице

- Свеже воће као што су кришке брескве, боровнице, малине, купине, јагоде или трешње.
- Гранола или пржени ораси/семенке
- Капљица меда

УПУТСТВО:

a) Помешајте млеко и јогурт у великом блендеру велике брзине. Додајте смрзнуто воће Ацаи, микрозелени купус и екстракт бадема. Наставите да мешате на ниској температури док не постане глатко, само ако је потребно додајте још течности. Требало би да буде густ и кремаст, као сладолед!

b) Поделите смути у две чиније и прелијте га свим својим омиљеним преливима.

48. Ацаи чинија са бразилским орасима с

Прави: 1 порција

САСТОЈЦИ:

- $\frac{1}{2}$ шоље бразилских ораха
- 2 кајсије, натопљене
- $1\frac{1}{2}$ шоље воде
- 1 кашика Ацаи праха
- $\frac{1}{4}$ шоље купина, замрзнуте
- 1 прстохват соли

УПУТСТВО:

а)Помешајте бразилске орахе у води и процедите кроз жичану цедиљку.

b)   Помешајте са свим осталим састојцима.

49. Посуде за доручак од кокосове квиноје

Марке: 4

САСТОЈЦИ:

- 1 кашика кокосовог уља
- 1½ шоље црвене или црне киное, испране
- Конзерва од 14 унци незаслађеног лаганог кокосовог млека, плус још за сервирање
- 4 шоље воде
- Фина морска со
- кашике меда, агаве или јаворовог сирупа
- 2 кашичице екстракта ваниле
- Кокосов јогурт
- Боровнице

- гоји бобице
- Тостирано семе бундеве
- Тостиране незаслађене кокосове љуспице

УПУТСТВО:

a) Загрејте уље у шерпи на средњој ватри. Додајте киноу и тостирајте око 2 минута, често мешајући. Полако умешајте конзерву кокосовог млека, воду и прстохват соли. Киноа ће исприва мехурићи и прскати, али ће се брзо слегнути.

b) Пустите да проври, а затим поклопите, смањите ватру на ниску и кувајте док не достигне нежну, кремасту конзистенцију, око 20 минута. Уклоните са ватре и умешајте мед, агаву, јаворов сируп и ванилију.

c) Да бисте послужили, поделите киноу у чиније. Прелијте са додатним кокосовим млеком, кокосовим јогуртом, боровницама, гоји бобицама, семенкама бундеве и кокосовим пахуљицама.

50. Скуасх Гоји Бовлс

Марке: 4

САСТОЈЦИ:
- 2 средње тиквице од жира
- 4 кашичице кокосовог уља
- 1 кашика јаворовог сирупа или смеђег шећера
- 1 кашичица гарам масале
- Фина морска со
- 2 шоље обичног грчког јогурта
- Гранола
- гоји бобице
- Нар арилс

- Сецкани пецани
- Тостирано семе бундеве
- Маслац од ораха
- Конопља семена

УПУТСТВО:

a) Загрејте рерну на 375 ° Ф.

b)   Прережите тикву на пола од стабљике до дна. Извадите и баците семенке. Месо сваке половине премажите уљем и јаворовим сирупом, а затим поспите гарам масалом и прстохватом морске соли. Ставите тиквице на лим за печење са резом надоле. Пеците док не омекша, 35 до 40 минута.

c)   Окрените тиквице и мало охладите.

d)   За послуживање, сваку половину тиквице напуните јогуртом и гранолом. Прелијте гоји бобицама, арилима нара, пеканима и семенкама бундеве, покапајте путером од ораха и поспите семенкама конопље.

51. Суперфоод Иогурт Бовл

Марке: 4

САСТОЈЦИ:
- 1 шоља грчког јогурта
- 1 кашичица какао праха
- ½ кашичице ваниле
- Семе нара
- Конопља семена
- Чиа семенке
- гоји бобице
- Боровнице

УПУТСТВО:
а)Комбинујте све састојке у посуди.

52. <u>Ацаи чинија са бананом и кокосом</u>

Производи: 2 Ацаи чиније

САСТОЈЦИ
- $\frac{3}{4}$ шоље сока од јабуке
- $\frac{1}{2}$ шоље кокосовог јогурта
- 1 банана
- 2 шоље смрзнутих мешаних бобица
- 150 г смрзнутог Ацаи пиреа

ПРЕЛИВИ:
- Јагоде
- Банана
- Гранола
- Цоцонут Флакес

● Путер од кикирикија

УПУТСТВО:

а)У блендер додајте сок од јабуке и кокосов јогурт.

b) Додајте остале састојке и затворите поклопац. Изаберите променљиву 1 и полако повећајте на променљиву 10. Користите тампер да гурните састојке у сечива и блендајте 55 секунди или док не постане глатка и кремаста.

53. Ацаи Цхерри Смоотхие Бовл

Производи: 2 Ацаи чиније

САСТОЈЦИ
- 4 кашике кокосовог јогурта
- $\frac{1}{2}$ шоље смрзнутог Ацаиа који се може хватати
- 2 банане, свеже или замрзнуте
- $\frac{1}{2}$ шоље смрзнутих трешања
- 1 цм комад свежег ђумбира

ПРЕЛИВИ:
- Маслац од индијског ораха
- Кокосов јогурт
- Смоква, нарезана

- Комадићи тамне чоколаде
- Боровнице
- Трешње

УПУТСТВО:

a)Прво додајте кокосов јогурт пре него што додате остале састојке у посуду блендера и причврстите поклопац.

b) Блендајте на високој температури 55 секунди док не постане кремаста. Убаците у своју омиљену чинију од кокоса, слој преко прелива и уживајте!

54. Ацаи чинија са C еа маховином

Прави: 4 порције

САСТОЈЦИ:
- Морска маховина
- Ацаи пире од бобица
- ½ шоље граноле
- 2 кашике маца праха
- 2 кашике какао праха
- 1 кашика бадемовог путера
- Воће по вашем избору
- Цимет

УПУТСТВО:
а)Помешајте састојке и додајте мало свежег
воћа на врх.

b) Уживати.

55. АЦАИ Манго Мацадамиа Бовл

Израђује: 2 порције

САСТОЈЦИ:
- $\frac{1}{2}$ Ацаи пире
- 1 смрзнута банана
- $\frac{1}{2}$ шоље смрзнутог манга
- $\frac{1}{4}$ шоље млека од орашастих плодова макадамије
- Шака индијских орашчића
- 2 гранчице менте
- Преливи: нарезан манго, исечене банане, тостиране кришке кокоса

УПУТСТВО:

а)Помешајте све састојке, врх и уживајте у посуди од манго макадамије Ацаи!

56. Зелена АЦАИ чинија са воћем и бобицама

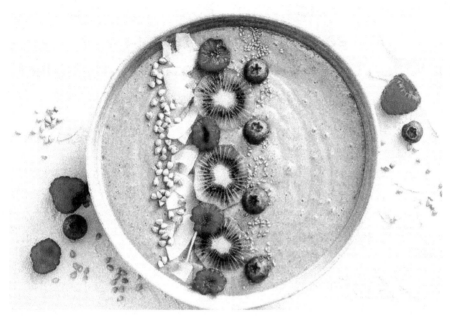

Израђује: 2 порције

САСТОЈЦИ:
- $\frac{1}{2}$ Ацаи пире
- $\frac{1}{8}$ шоља чоколадног млека од конопље
- $\frac{1}{2}$ банане
- 2 кашике протеина конопље у праху
- 1 кашичица Маца
- Преливи: свеже сезонско воће, семенке конопље, свеже банана, златне бобице. Бели дуд, гоји бобице, киви

УПУТСТВО:

a)Ставите све у блендер, блендајте док не постане стварно густо – додајте још течности ако је потребно – па сипајте у чинију.

b) Одозго са воћем и било чиме што волите!

57. Витамин Боост АЦАИ Бовл

Израђује: 2 порције

САСТОЈЦИ:
- $\frac{1}{2}$ Ацаи пире
- 1 шоља боровница
- $\frac{1}{2}$ зрелог авокада
- 1 шоља кокосове воде или млека без млека
- $\frac{1}{2}$ шоље јогурта без млека
- 1 кашика путера од ораха
- 1 кашика кокосовог уља

УПУТСТВО:
а)Ставите све у блендер и уживајте.

b)   Ако желите да направите чинију: додајте још Ацаи пиреа и смрзнуту банану.

c)   Блендајте док не постане густа, сипајте у чинију и прелијте својим омиљеним свежим воћем.

СУПЕРФООД САЛАТС

58. Воћна салата са Ацаи бобица-кварком

Израђује: 2 порције

САСТОЈЦИ:
- 1 јабука
- 1 банана
- 4 Киви
- 200 грама свежих бобица
- 200 грама грожђа без семенки
- 100 грама кварка
- 1 кашика меда
- 1 кашика Ацаи бобица у праху

УПУТСТВО:

a)Исперите, изрежите на четвртине, језгро и исеците јабуке на комаде. Огулите и исеците банану. Огулите и четвртине кивија по дужини. Исеците киви на комаде. Исперите бобице и осушите. Исперите грожђе и преполовите ако је велико. Помешајте воће и поделите у чиније.

b) Промешајте кварк са медом и прахом Ацаи бобица док не постане глатка. Сваку воћну салату прелијте кашичицом ароматизираног кварка и по жељи украсите крхким сусамом.

59. Салата од манга и авокада са винаигретом од Ацаи бобица

Прави: 4 порције

САСТОЈЦИ:

- $\frac{1}{2}$ шоље мешаног сока од бобица Ацаи
- $\frac{1}{4}$ шоље маслиновог уља
- $\frac{1}{4}$ шоље балзамичног сирћета
- 2 кашике воде
- 1 кашика сенфа у стилу Дижона
- 1 чешањ белог лука, млевен
- $\frac{1}{8}$ кашичице млевеног црног бибера
- 6 шољица сецкане ромаине салате

- 1 средњи манго, огуљен, без коштица и нарезан
- ½ средњег авокада, очишћеног од коштица и исеченог на коцкице

УПУТСТВО:

a) Умутите сок, уље, сирће, воду, сенф, бели лук и црни бибер у средњој посуди пјењачом или виљушком.

b) Подијелите зелену салату у 4 чиније за салату. Одозго ставите кришке манга и авокада.

c) На сваку салату прелијте 2 кашике винаигрета. Послужите одмах.

60. <u>Зелена салата са преливом од Ацаи бобица</u>

Израђује: 3-4 порције

САСТОЈЦИ:
АЦАИ БЕРРИ ДРЕССИНГ
- Пакет од 100 грама незаслађеног Ацаија, собне температуре
- $\frac{1}{4}$ шоље кокосовог уља
- $\frac{1}{4}$ шоље јабуковог сирћета
- 2 кашике меда
- 1 кашика чиа семена
- 1 кашичица морске соли

САЛАТА

- 2 шоље танко исеченог кеља
- 2 шоље танко исеченог напа купуса
- 1 шоља танко исеченог зеленила маслачка
- 1 шоља танко исеченог црвеног купуса
- $\frac{1}{2}$ шоље танко исеченог босиљка
- $\frac{1}{2}$ шоље исецкане цвекле
- $\frac{1}{2}$ шоље исецкане шаргарепе
- $\frac{1}{2}$ шоље тостираних семенки бундеве
- Клице сунцокрета

УПУТСТВО:

a)Да бисте направили прелив од Ацаи бобица: Измешајте све састојке у процесору за храну или блендеру док не постане глатка.
b) Ставите кељ у велику посуду. Накапајте неколико кашика на кељ и умасирајте да се премаже. Додајте све остало поврће у чинију и прелијте додатним преливом по жељи. Поспите семенке бундеве и клице и промешајте да се сједине. Уживајте у исхрани!

61. Летња салата са Ацаи винаигреттеом

Израђује: 2 порције

САСТОЈЦИ:

САЛАТА:

- Мешано зеленило по вашем избору

ПРЕЛИВИ:

- Свеже бобице
- Нарезани бадеми или ораси
- Нарезани црвени лук, краставци
- Фета сир

ОДЕВАЊЕ:

- ⅔ шоље маслиновог уља
- ¼ шоље јабуковог сирћета
- 2 кашике Сари Фоодс органског Ацаи праха

- 2 кашике нектара агаве или јаворовог сирупа
- $\frac{1}{2}$ кашичице морске соли
- $\frac{1}{2}$ кашичице млевеног црног бибера
- $\frac{1}{4}$ кашичице млевеног цимета 1 кашичица дижон сенфа

УПУТСТВО:

a)Комбинујте све састојке за прелив у блендеру и блендирајте на високој температури да емулгујете. Алтернативно, снажно умутите руком у средњој посуди. Помешајте своју салату и преливе у великој чинији, прелијте дресингом и уживајте!

b) Прелив ће се чувати неколико недеља, покривен и у фрижидеру.

62. Раинбов Цхард са гоји бобицама и пистаћима

Прави: 4 порције

САСТОЈЦИ:
- 2 кашике маслиновог уља
- 1 мали црвени лук, млевени
- 2 чена белог лука, млевено
- 1 веза блитве, ситно исецкане
- Сол и свеже млевени црни бибер
- 1/3 шоље гоји бобица
- 1/3 шоље несланих ољуштених пистација

УПУТСТВО:

а)У великом тигању загрејте уље на средњој ватри. Додајте лук, поклопите и кувајте док не омекша, око 5 минута. Додајте бели лук и кувајте, мешајући, да омекша 30 секунди.

b) Додајте блитву и кувајте, мешајући док не увене, 3 до 4 минута. Зачините сољу и бибером по укусу и кувајте отклопљено, повремено мешајући, док не омекша, око 5 до 7 минута.

c) Додајте гоји бобице и пистације и промешајте да се сједине. Послужите одмах.

63. Гоји авокадо салата од ораха и цитруса

Прави: 4 порције

САСТОЈЦИ:
- 4 шоље зелене салате
- 1 авокадо, нарезан
- 1 поморанџа, ољуштена, исечена на коцкице
- $\frac{1}{2}$ шоље ораха
- $\frac{1}{2}$ шоље свежих или сушених гоји бобица

ДРЕССИНГ
- 1 кашика екстра девичанског маслиновог уља
- $\frac{1}{2}$ лимуна, сок
- $\frac{1}{4}$ кашичице морске соли
- $\frac{1}{4}$ кашичице свеже сломљеног бибера у зрну

УПУТСТВО:

а)Премешајте, прелијте дресингом и послужите!

64. Гоји са преливом од алое вере

Прави: 4 порције

САСТОЈЦИ:

- $\frac{1}{4}$ шоље сока од алое вере
- Сок од 1 лимете
- $\frac{1}{2}$ шоље гоји бобица
- 2 кашике замрзнутих сушених нара Арилс
- Грожђе, јабуке, боровнице, јагоде или свеже воће по избору

УПУТСТВО:

а)Све воће исеците на комаде и ставите у чинију за сервирање.

b) Додајте све остале састојке, пажљиво промешајте и послужите!

65. Јесења салата са гоји бобицама

Марке: 4-6

САСТОЈЦИ
ЗА САЛАТУ:
- 1 5оз паковање беби спанаћа
- 5 оз фета сира се мрви
- $\frac{3}{4}$ шоље половина ореха
- 1 Зелена јабука Гранни Смитх исечена и очишћена од језгре
- Паковање од 2 оз гоји бобица
ЗА ОБЛОГ:
- $\frac{1}{4}$ шоље ЕВОО
- $\frac{1}{4}$ шоље јабуковог сирћета
- $\frac{1}{4}$ шоље меда

- $\frac{1}{4}$ кашичице морске соли
- $\frac{1}{4}$ кашичице бибера

УПУТСТВА

a) У велику чинију за салату додајте спанаћ и прелијте фетом, пекан, јабуком и гоји бобицама.

b) У малу стаклену теглу додајте ЕВОО, јабуково сирће, мед, со и бибер.

c) Ставите поклопац на теглу и снажно протресите док се не сједини.

d) Сипајте прелив на салату.

e) Уживати!

66. Салата од лососа, шпаргле и гоји бобица

Прави: 4 порције

САСТОЈЦИ

- $\frac{3}{4}$ шоље напукнуте пшенице
- 2 филета лососа без коже
- 2 грозда шпарога, обрезана
- $\frac{1}{4}$ шоље листова свеже нане
- 1 кашика сецканог свежег власца
- 2 кашике гоји бобица
- 2 кашичице ситно нарибане лимунове коре
- 1 кашика лимуновог сока

- 2 кашичице екстра девичанског маслиновог уља
- 60 г листова руколе

УПУТСТВА

a) Ставите напукнуту пшеницу у велику посуду отпорну на топлоту. Прелити са толико кључале воде да покрије. Оставите са стране да се намаче 20 минута. Оцедите и истисните вишак влаге, притискајући задњом страном кашике. Пребаците у велику посуду.

b) Загрејте роштиљ на високој температури. Лосос и шпаргле лагано попрскајте маслиновим уљем.

c) Лосос пеците на роштиљу 2-3 минута са сваке стране на средњу или док не буде печен по вашем укусу.

d) Пеците шпаргле 1-2 минута са сваке стране или док не омекшају.

e) Пребаците на тањир. Оставите са стране да се мало охлади.

f) Исеците лососа на велике комаде. Нарежите шпаргле на комаде од 5 цм.

g) Додајте шпаргле, менту, власац, гоји бобице, лимунову корицу, лимунов сок, уље и руколу у чинију са наломљеном пшеницом.

h) Зачините и лагано промешајте да се сједини. Поделити по тањирима за сервирање и на врху ставити лосос.

67. Говеђа салата са укисељеним гоји бобицама

Марке: 4

САСТОЈЦИ:
- 2 ребраста одреска
- Прелив од индијског ораха

ЗА МАРИНАДУ:
- Корица од 2 лимете
- 3 кашике сока од лимете
- 2 чена белог лука, млевено
- 1 кашика свеже ренданог ђумбира
- 1 кашика меда
- 2 кашичице рибљег соса

- 1 кашика прженог сусамовог уља
- 2 кашике биљног уља

ЗА УКИСЕЉЕНЕ ГОЈИ БОБИЦЕ:

- 3 кашике јабуковог сирћета, загрејано
- 2 кашичице меда
- $\frac{1}{2}$ кашичице фине соли
- ⅓ шоље гоји бобица

ЗА САЛАТУ:

- 4 мини краставца, танко нарезана
- 1 мали љубичасти купус, исецкан
- 1 мали зелени купус, исецкан
- 2 шаргарепе, ољуштене и танко обријане
- 4 лука, ситно исецкана
- 1 црвени чили, семенке остругане и ситно исечене
- $\frac{1}{2}$ шоље сваке, свеже нане, коријандера и босиљка
- 2 кашике тостираних семенки сусама, за крај
- $\frac{1}{4}$ кашичице сушених пахуљица црвеног чилија

УПУТСТВО:

а)За маринаду ставите све састојке у малу посуду за мешање и умутите да се сједине.

b) Ставите одреске у нереактивну посуду. Прелијте половином маринаде. Покријте и ставите у фрижидер да се маринира неколико сати. Оставите резервисану маринаду да зачините салату.

c) За киселе гоји бобице помешајте све састојке у чинији. Оставити 30 минута да се мацерира.

d) Донесите мариниране одреске на собну температуру пре печења на роштиљу. Загрејте плитки роштиљ Ле Цреусет од 30 цм од ливеног гвожђа док се не загреје. Пеците одреске на средње јакој температури 3-4 минута. Окрените и кувајте још 3 минута, или док не буде готово по вашем укусу. Одморите се 5-7 минута пре резања.

e) састојке **ЗА** салату , осим семена сусама, у велику чинију. Додајте резервисану маринаду и лагано промешајте да се премаже. Пребаците салату на тањир за сервирање. На салату распоредите исечен одрезак. Поспите сусамом и послужите прелив од индијских орашчића.

СУПЕРХРАНЕ СУПЕ

68. Супа од пилетине, ђумбира и гоји бобица

Производи: 3 кварта

САСТОЈЦИ:
- 1 пилетина
- воде, око 8-12 шољица
- Комад ђумбира од 4 инча преполовљен попречно и уздужно
- 5 великих чена белог лука, згњечено
- 1 средњи лук, преполовљен
- со
- кокосове аминокиселине
- 1 кашика желатина у праху без укуса
- 1-2 кашике соли

- 6 шаргарепа, ољуштених и нарезаних на $\frac{1}{2}$ инча дебљине
- 1 деликатна тиква, ољуштена и исецкана на коцкице
- $\frac{1}{2}$ шоље сушених гоји бобица
- 2 шоље белог пиринча, куваног

УПУТСТВО:

a) Прокухајте пилетину и воду са луком, белим луком и ђумбиром.

b) Смањите ватру на лагано кључање и кувајте 1-2 сата или док се пилетина лако не скине са кости.

c) Уклоните пилетину из лонца. Помоћу сита или паука извадите бели лук, ђумбир и лук.

d) Помешајте желатин са сољу, па ову мешавину додајте у чорбу.

e) Додајте око 2 кашике кокосових аминокиселина.

f) Додајте шаргарепу, тиквице и гоји бобице и динстајте 20-30 или док сво поврће не омекша.

g) Док се поврће кува, уклоните пилетину од костију. Исјецкајте месо.

h) Додајте пилетину у супу и склоните је са ватре.

i) Послужите уз кувани бели пиринач.

69. Свињска супа са гоји и даиконом

Марке: 4

САСТОЈЦИ:

- $\frac{1}{2}$ фунте беби леђна ребра, исечена на комаде величине залогаја
- 1 средњи даикон, исечен на велике комаде
- 3 кришке ђумбира
- шака гоји бобица
- $\frac{1}{2}$ кашичице кинеског сирћета
- соли по укусу
- мало белог бибера по укусу
- 2 стабљике зеленог лука, исецкане за прелив

УПУТСТВО:

a) Свињска ребарца у лонцу прелијте хладном водом, прокувајте на средњој јакој ватри и кувајте неколико минута док свињска ребра не промене боју, сипајте воду, исперите под текућом водом, добро оцедите и оставите са стране.

b) У керамичку посуду или холандску рерну додајте свињска ребра, даикон, ђумбир и 4 шоље воде.

c) Пустите да проври на јакој ватри, окрените на малу ватру и кувајте око 35 минута са поклопцем.

d) Зачините кинеским сирћетом, сољу и белим бибером и добро промешајте.

e) Додајте гоји бобице и динстајте још 5 минута пре него што их склоните са ватре.

f) Поспите преко свежег сецканог зеленог лука за сервирање.

70. Супа од спанаћа са гођијем

Прави: 4 порције

САСТОЈЦИ:

- 3 чена белог лука млевеног
- Пожељно је 4 шоље чорбе од поврћа са ниским садржајем натријума
- $\frac{1}{8}$ шоље гоји бобица
- 7 оз кинеског спанаћа
- 1 $\frac{1}{2}$ кашике Схаокинг вина
- 2 кашике соја соса или по укусу

УПУТСТВО:

а)Загрејте супену кашику уља неутралног укуса у холандској рерни/лонцу за супу. Када се лонац загреје, ставите бели лук и пржите 1-2 минута док не замирише.

b) Затим додајте чорбу од поврћа и гоји бобице. Ставите смешу да проври, а затим смањите ватру на лаганој ватри. Кувајте поклопљено 5 минута.

c) Умешајте спанаћ и кувајте док не увене око 2-3 минута.

d) На крају додајте Схаокинг вино и половину соја соса. Дајте му укус и додајте још соја соса, ако је потребно.

71. Супа од црвеног сочива са гоји бобицама

Прави: 2 порције

САСТОЈЦИ:

- $\frac{1}{2}$ унце гоји бобица, натопљених
- 1 шаргарепа, сецкана
- 1 шалотка, сецкана
- 1-инчни комад ђумбира, нарендан
- 1 чен белог лука, млевен
- $\frac{3}{4}$ кашичице карија у праху
- $\frac{3}{4}$ шоље црвеног сочива
- $\frac{1}{2}$ шоље кокосовог млека
- Мала гомила цилантра, сецкана

● 1 лимете

УПУТСТВА

a) Загрејте рерну на 350 ° Ф.

b) У шерпи од 4 литре загрејте 2 кашике маслиновог уља на средњој ватри док не буде вруће, али не и дим.

c) Додајте лук и шаргарепу у тигањ, посолите и кувајте док не омекша, око 5 минута.

d) Додајте бели лук, ђумбир и кари у праху и кувајте док не замирише, око 30 секунди.

e) Додајте сочиво и 3 шоље воде и кувајте док сочиво не омекша и не распадне се око 10 минута.

f) Додајте половину кокосовог млека и половину коријандера у супу и зачините по укусу сољу и бибером.

g) Сипајте супу у чиније за сервирање.

h) Прелијте преостало кокосово млеко, корицу лимете и сок.

i) Украсите преосталим цилантром и гоји бобицама.

72. Пијани шкампи са гоји бобицама

Прави: 4 порције

САСТОЈЦИ:

- 2 шоље пиринчаног вина Схаокинг
- 4 огуљене кришке свежег ђумбира, свака величине отприлике једне четвртине
- 2 кашике сушених гоји бобица
- 2 кашичице шећера
- Џамбо шкампи од 1 фунте, огуљени и девеинед, остављени репови
- 2 кашике биљног уља
- Кошер соли
- 2 кашичице кукурузног шкроба

УПУТСТВО:

a) У широкој посуди за мешање помешајте пиринчано вино, ђумбир, гоји бобице и шећер док се шећер не раствори. Додајте шкампе и поклопите. Маринирајте у фрижидеру 20 до 30 минута.

b) Сипајте шкампе и маринаду у цедило постављено изнад посуде. Резервишите $\frac{1}{2}$ шоље маринаде, а остатак баците.

c) Загрејте вок на средње јакој ватри док кап воде не зацврчи и испари при контакту. Сипајте уље и промешајте да премажете подножје вока. Зачините уље додавањем малог прстохвата соли и лагано промешајте.

d) Додајте шкампе и снажно пржите уз мешање, додајући прстохват соли док окрећете и бацате шкампе у вок. Наставите да померате шкампе око 3 минута, док не постану ружичасти.

e) Кукурузни скроб умешајте у резервисану маринаду и прелијте је преко шкампа. Баците шкампе и премажите их маринадом. Згуснут ће се у сјајни сос када почне да кључа, још око 5 минута.

f) Пребаците шкампе и гоји бобице на тањир, баците ђумбир и послужите вруће.

СУПЕРФООД ДЕСЕРТ

73. Ацаи Сорбет

Израђује: 4 порције

САСТОЈЦИ:
- 2 шоље свежих боровница
- креч
- 14 унци замрзнутог чистог незаслађеног пиреа од Ацаи бобица
- $\frac{1}{2}$ шоље шећера
- $\frac{2}{3}$ шоље воде

УПУТСТВО:
а)Укључите шпорет на средњу температуру и доведите воду до кључања у малом лонцу.

Када проври, сипајте шећер и мешајте да се потпуно раствори.

b) Када се шећер раствори, скините шерпу са шпорета и умешајте мало корице лимете. Оставите ово са стране да се охлади док радите на осталим деловима шербета.

c) Извадите блендер и ставите пулпу од Ацаи бобица, боровнице и 2 кашике сока од лимете. Притисните дугме за мешање и измиксајте ову мешавину док не постане лепа и глатка.

d) Сада додајте шећер и лимунову воду у блендер и поново притисните „бленд".

e) Сада када је сва мешавина савршено измешана, отворите машину за сладолед и сипајте је у чинију. Нека се меша око 30 минута или док се сорбет не згусне.

f) Пребаците сорбет у посуду и ставите га у замрзивач. Требало би да прође најмање 2 сата да се учврсти. У том тренутку можете се почастити неким шербетом!

74. Торта од купина и Ацаи бобица без печења

Израђује: 4 порције

САСТОЈЦИ:
БАЗА:
- 4 медјоол урме без коштица
- $\frac{1}{2}$ шоље бадема
- $\frac{1}{2}$ шоље ваљаних зоби без глутена

СЛОЈ КОКОСА:
- $\frac{3}{4}$ шоље пуномасног кокосовог млека
- $\frac{1}{4}$ шоље јогурта без млека
- $\frac{1}{2}$ кашичице агар агар праха

АЦАИ & БЛАЦКБЕРРИ ЛАИЕР:
- 100 г купина

- $\frac{1}{2}$ шоље воде
- $\frac{1}{4}$ шоље јогурта без млека
- 1 шоља пуномасног кокосовог млека
- 3 кашике јаворовог сирупа
- 1 кашика Ацаи бобица у праху
- 1 кашичица агар агар праха

СЛОЈ КОКОСА:

- $\frac{3}{4}$ шоље пуномасног кокосовог млека
- $\frac{1}{4}$ шоље јогурта без млека
- $\frac{1}{2}$ кашичице агар агар праха

МЕЛЕ ОД КУПИНЕ:

- 100 г купина
- $\frac{1}{2}$ шоље воде
- 3 кашике јаворовог сирупа
- $\frac{1}{2}$ кашичице агар агар праха

УПУТСТВО:

а)Тепсију обложите папиром за печење. У процесор за храну додајте основне састојке и мешајте док се добро не сједине. Пребаците смешу у припремљену тепсију, чврсто притискајући на дно. Ставите тепсију у замрзивач да се стегне док припремате слој кокоса.

b) Кокосов слој: У шерпи проври кокосово млеко. Додајте агар-агар и стално мешајте, наставите да мешајте док се агар потпуно не раствори. Затим смањите ватру и умутите јогурт. Пустите да се крчка 1 мин. Искључите ватру и оставите да се смеша мало охлади. Сипајте смешу преко основе. Охладите у фрижидеру да се стегне.

c) Ацаи слој: додајте бобице и воду у блендер и блендајте док не постане глатко. У шерпи проври кокосово млеко и пире од купина. Додајте агар-агар и ацаи прах и стално мешајте, наставите да мешајте док се агар потпуно не раствори. Затим смањите ватру и умутите јогурт и јаворов сируп. Пустите да се крчка 1 мин. Искључите ватру и оставите да се смеша мало охлади. Сипајте смешу преко постављеног слоја кокоса. Ставите у фрижидер да се стегне.

d) Желе од купина: У шерпи прокувати воду и купине. Додајте агар-агар и стално мешајте, наставите да мешајте док се агар потпуно не раствори. Затим смањите ватру и умутите јаворов сируп. Пустите да се крчка 1 мин. Искључите ватру и сипајте смешу преко постављеног слоја купине. Пребаците тепсију у фрижидер и оставите да се стегне.

75. Ацаи Попсицлес

Прави: 10 сладоледа

САСТОЈЦИ:

- $3\frac{1}{2}$-4 шоље свеже мешавине бобичастог воћа јагоде, малине, боровнице и купине
- $\frac{3}{4}$ шоље обичног или ванилин грчког јогурта
- $\frac{1}{2}$ шоље млека
- $\frac{1}{4}$ шоље шећера од трске или замене за шећер
- 2 кашике Ацаи праха или 1 пакет смрзнутог Асаи

УПУТСТВО:

a)Припремите воће прањем. Одрежите стабљике јагода.

b) У блендер велике брзине додајте бобице, јогурт, млеко, шећер и Ацаи прах. Блендајте док не постане глатко и семе се разбије око 2 минута.

c) Сипајте у калупе за сладолед. Забодите штапиће сладоледа у средину сваког од калупа.

d) Замрзните док се потпуно не замрзне.

e) Извадите сладолед из калупа и послужите.

f)Чувајте у замрзивачу у херметички затвореној посуди или Зиплоц-у до 3 месеца.

76. Веганска торта од Ацаи бобица

Марке: 8

САСТОЈЦИ:
БАЗА:
- 30 г хранљивих састојака земљаних протеина у чоколади
- 65 г бадемовог брашна
- 1 кашичица есенције ваниле
- 60 г сирупа од пиринчаног слада
- 50 г зоби
- 10 г семена
- 15 г какао праха
- 50 г сирових индијских орашчића

182

- 75 мл млека по избору - користили смо бадемово млеко

ПРЕЛИВ:

- 30 г ванилин протеинског праха
- 200 г смрзнутог Ацаи пиреа
- 200 г сирових индијских орашчића - намочених у воду да омекшају
- 300 мл кокосовог крема
- 40 г кокосовог уља - растопљеног
- 2 кашичице желатина или веганске алтернативе - растворене у 20 мл кључале воде
- 50 г сирупа од пиринчаног слада
- 1 кашичица есенције ваниле

УПУТСТВО:

a) Калуп за торте обложите папиром за печење.

ДА НАПРАВИТЕ Основу:

b) Ставите индијске орашчиће и зоб у блендер и измешајте.

c) Додајте све остале састојке и промешајте ручно.

d) Притисните у дно калупа за торте.

ДА НАПРАВИТЕ ПРЕЛИВ:

e) Ставите све састојке за прелив у процесор и блендајте док не постане глатко.

f)Прелити преко базе.

g) Ставите у фрижидер. Најбоље је оставити да се постави преко ноћи.

77. Сладолед од банане и ацаи

Израђује: 2 порције

САСТОЈЦИ:
- 2 замрзнуте банане
- 4 оз смрзнутог ацаија
- 1½ кашике јаворовог сирупа
- ½ кашичице екстракта ваниле

УПУТСТВО:
а) Ставите све састојке у чинију процесора за храну и оставите да ради док не постану кремасти и укусни.

78. Ацаи чоколадни моуссе

Израђује: 4 порције

САСТОЈЦИ:
- 100 г комадића црне чоколаде без шећера
- 175 г урми, без коштица
- 5 беланаца
- 3 кашичице кокосовог шећера
- $\frac{1}{4}$ шоље Ацаи праха
- 2 шоље грчког/природног јогурта
- 2 кашике кокосове воде у праху
- 3 кашике меда

ПРЕЛИВ:
- Кокосове пахуљице
- Боровнице/малине

УПУТСТВО:

a) Ставите урме у шерпу и прелијте водом. Пустите да проври и кувајте док хурме не омекшају, повремено мешајући.

b) Отопите чоколаду у посуди отпорној на топлоту изнад шерпе са кључалом водом. Оставите са стране да се мало охлади.

c) Обрадите урме и преосталу кључалу течност у процесору за храну док не постане глатка. Оставите да се охлади, додајте чоколаду и мешајте док се не сједини.

d) Помешајте јогурт, Ацаи прах и мед у чинији док се не сједине.

e) Умутити беланца у врло чисту, суву чинију док не постану бели и чврсти. Додајте 1 кашичицу кокосовог шећера и мутите минут, додајте преостали кокосов шећер и умутите док беланаца не постану сјајни.

f) Додајте малу мерицу мешавине од беланаца до датума да се олабави, а затим лагано премешајте ⅓ беланаца.

g) Сипајте танак слој мешавине чоколадних урми у сваку шољицу и ставите у фрижидер на 15 минута.

h) У међувремену, нежно умешајте преостале беланца у Ацаи смесу. Поделити по шољама и оставити у фрижидеру најмање сат времена.

i) Послужите преливено свежим боровницама, кокосовим пахуљицама, орасима или преливом по вашем избору!

79. Ацаи Цхиа пудинг

Израђује: 4 порције

САСТОЈЦИ

- $\frac{3}{4}$ шоље чиа семена
- 2 $\frac{3}{4}$ шоље млека без млека
- 6–8 Медјоол урме, без коштица
- 6 кашика мешавине Ацаи-Макуи посуде
- $\frac{1}{4}$ шоље боровнице, свеже или смрзнуте
- Додатни додаци: гранола, свеже воће, какао зрна итд.

УПУТСТВА

а)Прво додајте урме без коштица и млеко без млека у блендер велике брзине и блендајте на високој температури док не постане глатко.

b) Додајте преостале састојке у блендер и пулсирајте или блендајте на лаганој ватри док се све добро не сједини. Оставите да одстоји 5 минута, па поново измиксајте – „пудинг" би требало да буде приметно гушћи. Ако немате блендер са променљивим подешавањима, можете све да пребаците у чинију и умутите ручно.

c) Пребаците Цхиа пудинг у тегле и чувајте у фрижидеру до 5 дана. Своје Ацаи Цхиа чиније сам обложио са 2 кашике граноле + воће на дну, плус више воћа, граноле и какао зрна на врху!

80. Гоји цвекла кокосов сладолед

Прави: 4 порције

САСТОЈЦИ:
СЛОЈ КОКОСА:

- 3 шоље исецканог кокоса
- $\frac{1}{4}$ шоље сирупа од пиринчаног слада
- 1 кашика кокосовог млека
- 1 кашика кокосовог уља

РОЗЕ СЛОЈ:

- 3 шоље исецканог кокоса
- $\frac{1}{4}$ шоље сирупа од пиринчаног слада
- 1 кашика кокосовог млека
- 1 кашика кокосовог уља
- 2 кашике органских чиа семена

- ⅓ шоље гоји бобица
- 1 кашичица органске цвекле у праху

УПУТСТВО:

a)Ставите састојке за слој кокоса у процесор хране и пулсирајте док се смеша не залепи. На обложени средњи квадратни плех распоредите смесу и ставите је у замрзивач.

b) Затим пређите на ружичасти слој, стављајући састојке за овај слој у процесор хране и пулсирајте док се смеша не залепи. Нанесите на слој кокоса и замрзните.

c) Оставите да се замрзне најмање 30 минута пре резања на квадрате.

d) Прелијте још гоји бобица за послуживање.

81. <u>Смрзнути јогурт од јагодичастог воћа са Гојијем</u>

Прави: 4 порције

САСТОЈЦИ:
- 2 шоље смрзнутих мешаних бобица
- Ацаи прах
- 1 шоља немасног грчког јогурта
- Свеже боровнице и гоји бобице за прелив

УПУТСТВО:
а)Додајте мешано бобице и ацаи прах у блендер велике брзине и блендајте док смеса не постане глатка.

b) Ставите у апарат за сладолед пратећи упутства и послужите или послужите одмах након мешања састојака ако немате апарат за сладолед.

c) Украсите боровницама и гоји бобицама.

82. Сладолед од гоји бобица од ваниле

Прави: 4 порције

САСТОЈЦИ:
СЛАДОЛЕД:
- $\frac{3}{4}$ шоље сирових индијских орашчића, претходно намочених и процеђених
- 6 кашика незаслађеног млека без млека
- 5 кашика јаворовог сирупа
- 4 кашике кокосовог уља
- 1 кашичица чистог екстракта ваниле
- $\frac{1}{2}$ кашичице сирове млевене ваниле
- $\frac{1}{4}$ кашичице морске соли
СКЛАДОВИ:
- $\frac{1}{4}$ шоље сушених гоји бобица

●1 кашика јестивих сувих латица плавог различка

УПУТСТВО:

a) Све изблендајте у глатку смесу у електричном блендеру.

b) Пребаците у средње малу стаклену посуду отпорну на замрзавање.

c) Поспите гоји бобицама и латицама кукуруза. Фреезе.

83. Торта од гоји, пистација и лимуна

Марке: 12

САСТОЈЦИ:
ЗА СИРОВУ ВЕГАНСКУ КОРУ ПИСТАЋА:
● $1\frac{1}{2}$ шоље бадемовог брашна или брашна од бадема
● $\frac{1}{2}$ шоље пистација
● 3 датума
● $1\frac{1}{2}$ кашике кокосовог уља
● $\frac{1}{2}$ кашичице млевеног кардамома у праху
● $\frac{1}{8}$ кашичице соли
ПУЊЕЊЕ:
● $1\frac{1}{2}$ шоље кокосовог крема
● 1 шоља лимуновог сока

- 1 кашика кукурузног шкроба
- 2 кашичице агар-агара
- $\frac{1}{4}$ шоље јаворовог сирупа
- $\frac{1}{2}$ кашичице млевене куркуме у праху
- 1 кашичица екстракта ваниле
- $\frac{1}{2}$ кашичице гоји екстракта

ПРЕЛИВИ:

- шака гоји бобица
- змајево воће
- јестиво цвеће
- чоколадна срца

УПУТСТВО:
ТАРТ СХЕЛЛ

a) Измиксајте бадемово брашно и пистације у процесору за храну/блендеру до фине мрвице.

b) Додајте остале састојке за кору и добро промешајте док не добијете једноличну лепљиву смесу.

c) Додајте тесто за кору у калуп за торте и равномерно га распоредите по подлози.

d) Оставите да се охлади у фрижидеру, док припремате фил.

ФИЛЛИНГ

e) Загрејте кокосову крему у средњем тигању, добро мешајте док не постане глатка и једнолична.

f) Додајте остале састојке за пуњење, укључујући кукурузни скроб и агар агар.

g) Уз стално мешање, доведите до кључања и кувајте неколико минута док не почне да се згушњава.

h) Када се смеса згусне, склоните је са рингле и оставите да се хлади 10-15 минута.

i) Затим прелити преко коре и оставити да се потпуно охлади.

j) Ставите у фрижидер на најмање пар сати, док се фил потпуно не стегне.

k) Украсите гоји бобицама, куглицама од змајевог воћа и јестивим цвећем или својим омиљеним додацима.

84. Колачићи од гоји бобица са чоколадним ганашом

Прави: око 30 колача

САСТОЈЦИ:

- 7 унци горко-слатке чоколаде, сецкане
- 12 унци несланог путера
- 2 ¼ шоље шећера
- 8 великих јаја, собне температуре
- 1 ¼ шоље вишенаменског брашна
- ¼ шоље незаслађеног какао праха
- 1 ½ кашичице прашка за пециво
- ¼ кашичице хималајске ружичасте соли
- ¾ шоље гоји бобица, сецканих
- Чоколадни ганаш

УПУТСТВО:

a) Загрејте рерну на 350 степени.

b) Припремите калупе за кексе са улошцима за колаче.

c) Ставите чоколаду у металну посуду. Додајте путер у чоколаду и ставите посуду на тигањ са кључањем воде. Мешајте док се чоколада не истопи и путер не сједини.

d) Уклоните са ватре и умешајте шећер. Оставите смешу да се охлади 10 минута. Сипајте смешу у посуду миксера и мутите 3 минута.

e) Додајте једно по једно јаје, мешајући 30 секунди између сваког.

f) Просејте брашно, какао прах, прашак за пециво и со заједно у чинију. Додајте у смешу и умутите док се не сједини.

g) Умешајте гоји бобице. Убаците у чаше за колаче и пеците 25 минута или док чачкалица не изађе чиста. Извадите из рерне и оставите да се охлади на решетки.

h) Нанесите ганацхе на врх колача, а затим поспите ружичастом сољу.

85. Чоколадни Гоји Банана Попс

Марке: 6

САСТОЈЦИ:
- 4 банане средње величине ољуштене и исечене попречно на пола
- штапићи
- 1 ½ шоље комадића тамне чоколаде / дугмади
- ¼ кашичице кокосовог уља

ТОППИНГС
- Препечени мусли и семенке бундеве
- Гоџи бобице и суве кајсије исечене на коцкице
- Замрзнути сушени нар арил и кокосов чипс

- Сецкани пистаћи и исецкани бадеми
- Нарезани бадеми и сецкани кокос
- Киноа пуффс

УПУТСТВО:

a) Ставите комадиће чоколаде/дугмад са кокосовим уљем у посуду безбедну за микроталасну пећницу и загревајте у интервалима од најмање 15 секунди на средњој снази – мешајте између њих док се не истопи.

b) Користите шољу са широким грлом тако да отопљена чоколада може да покрије најмање $\frac{3}{4}$ дужине банане када је умочена у чоколаду.

c) Сваки прелив распоредите на раван плех и уваљајте банану преливену чоколадом у прелив по избору. Ставите на посебан мали плех са воштаним папиром.

d) Поновите поступак за остале преливе, а затим их ставите у замрзивач на најмање 30 минута или док се премаз не стврдне. Послужите хладно.

86. Ацаи Берри Пие

Израђује: 4 порције

САСТОЈЦИ
ЗА КОРУ:
- 1 кора за питу без глутена
ЗА ПУЊЕЊЕ:
- $\frac{1}{2}$ шоље Ацаи пиреа
- 3 шоље смрзнутих мешаних бобица
- 1-2 кашике кокосовог уља
- Пинцх мљевени ђумбир
- Цртица цимета
- Дасх оф Ванилла
ЗА ПРЕлив од мрвица:

- 2 шоље зоби без глутена
- ½ шоље растопљеног кокосовог уља
- Цртица морске соли
- Дасх Циннамон
- Опционо: Мала шака сецканих орашастих плодова и семенки

УПУТСТВО:

а)Загрејте рерну на 350° Ф. Да бисте направили фил: У блендеру помешајте Ацаи пире, смрзнуте мешавине бобица и опционо ђумбир или цимет.

b) Блендајте док не постане глатко и сједињено. У чинију додајте остатак бобица, а затим додајте своју измиксану мешавину. Промешајте да се сједини. Сипајте смесу у кору за питу и равномерно изгладите смесу.

c) По врху равномерно распоредите мале комадиће кокосовог уља.

d) Одозго сипајте мешавином за мрвице. Да направите Црумбле: У чинији помешајте све састојке.

e) Уверите се да је сав зоб покривен. Ставите на врх фил за питу и нежно га тапкајте.

Пеците на 350 ° Ф 30 минута, или док не порумени.

f)Оставите да се охлади пре сервирања.
Покушајте да додате мерицу Ацаи сорбета да бисте га учинили а ла модом.

87. Ацаи банана хлеб

Израђује: 6 порција

САСТОЈЦИ

- Ацаи Пурее
- ½ шоље веганског путера
- 1 шоља веганског шећера
- 3 екстра велике зреле банане
- 2 Еквивалената за замену јаја
- ½ кашичице ваниле
- ½ кашичице лимуновог сока
- 1 ½ шоље небељеног брашна
- 1 ½ кашике топле воде

УПУТСТВО:

a)Загрејте рерну на 350 степени.

b) За припрему, премажите маслацем стандардну тепсију, изгњечите банане док не постану глатке са неколико комада и раздвојите беланца и жуманца у две различите чиније.

c) Крема путер и шећер заједно у великој посуди. Додајте банане, жуманца, ванилију, лимунов сок и соду бикарбону и добро промешајте, а затим умешајте брашно док се не сједини.

d) Умутите беланца у чврст снег, па лагано умешајте у смесу док се не сједине. На крају умешајте врућу воду.

e) Сипајте половину теста у калуп за хлеб, додајте паковање Ацаи да направите средњи слој, а затим сипајте преостало тесто да се напуни.

f)Помоћу дрвеног ражња или другог уређаја сличног облика, нежно мешајте тесто кружним покретима да се Ацаи заврти.

g) Пеците око 45 минута или док чачкалица уметнута у центар не изађе чиста.

h) Оставите да се охлади око 15 минута и послужите.

88. Рав Ацаи Бровниес

Израђује: 6 порција

САСТОЈЦИ
ЗА СМЕЂЕ:
- Ацаи Пурее
- 1 ½ шоље ораха
- 6 кашика веганског какао праха1
- ½ кашичице ваниле
- 2 ½ шоље урми без коштица
- Ухватите хималајску морску со

ЗА ПРЕлив:
- ¾ шоље сирових индијских орашчића
- 2 кашике растопљеног кокосовог уља
- 3 кашике јаворовог сирупа

- Ацаи Пурее
- Смрзнуте мешане бобице

УПУТСТВО:

a) Помешајте Ацаи пире, урме, орахе, какао, ванилију и со у процесору за храну. Обрадите док не постане глатко. стругање са стране по потреби. Лагано подмажите плех за печење 8 к 8 кокосовим уљем или користите папир за печење.

b) Пребаците тесто у тепсију и чврсто притисните док се не распореди. Ставите у фрижидер на најмање два сата.

c) За прелив: У машини за прераду хране брзо пулсирајте сирови индијски орах, јавор или мед, Ацаи и кокосово уље.

d) Додајте прстохват соли ако желите и шаку смрзнутих мешаних бобица. Када се колачићи стегну у фрижидеру око два сата, прелијте их глазуром и вратите у фрижидер на још сат-два.

e) Исеците и послужите.

СУПЕРФООД ПИЋА

89. Минти Ацаи коктел

Израђује: 2 порције

САСТОЈЦИ

- 10 оз Ацаи сока
- 2 оз Водка
- $\frac{1}{4}$ шоље боровнице, смрзнуте
- 1 гранчица нане
- Сок од $\frac{1}{2}$ лимуна
- Ице
- Шака свежих боровница

УПУТСТВА

a)Ставите смрзнуте боровнице, менту и лимунов сок у шејкер.

b) Помешајте састојке.

c) Додајте вотку, лед и Ацаи сок.

d) Протресите 20 секунди.

e) Сипајте преко цедиљке у чаше за сервирање са ледом.

f)На врху додајте свеже боровнице, лимун и менту.

90. Боурбон Ацаи коктел

Прави: 1 порција

САСТОЈЦИ
- 2 оз Бурбон
- 1 кашика свежег лимуновог сока
- 2 кашичице једноставног сирупа од купине
- ⅓ шоље енергетског пића
- 5 смрзнутих купина

УПУТСТВА
а)У шејкеру помешајте бурбон, лимунов сок, сируп од купине, енергетско пиће и лед. Добро протрести.

b) Процедите у високу чашу преко смрзнутог бобичастог воћа и по жељи украсите ментом.

91. _Стравберри Ацаи Росе Спритзер_

Производачи: 2

САСТОЈЦИ
- 1 шоља јагода
- $\frac{1}{2}$ лимуна, сок
- 8 оз Росе
- Енергетски напитак од 6 оз
- За украс: јагоде, кришке лимуна, листови нане

УПУТСТВА
а)У блендеру измиксајте јагоде и лимунов сок док не постане глатка.

b)   За сваки шприцер додајте 3 кашике пиреа од јагода и розеа у чашу.

c)   Додајте коцкице леда и прелијте енергетским напитком. Поново промешати.

d)   Украсите јагодом, кришкама лимуна и свежом наном...и уживајте!

92. Блуе Мартини Ацаи коктел

Прави: 1 порција

САСТОЈЦИ
- 1 део Ацаи енергетског напитка
- 1 део вотке

УПУТСТВА
a)Прелијте ледом и протресите у шејкеру.

b) Процедите у чашу за мартини.

93. Цаипиринха Ацаи коктел

Прави: 1 порција

САСТОЈЦИ

- 2 дела Ацаи енергетског напитка
- 1 део Цацхаца
- ½ кришке лимете
- 1 кашичица сировог шећера

УПУТСТВА

a)Умутите креч на дно шејкера и сипајте качашу, Амазон Енерги, шећер и здраву шаку леда.

b) Промућкајте и послужите у чаши са мало више шећера.

94. Коктел од ђумбира Ацаи

Прави: 1 порција

САСТОЈЦИ
- 1 лименка Ацаи енергетског напитка
- Пиво од ђумбира

УПУТСТВА
а)Прво сипајте пиво од ђумбира у чашу и додајте енергетско пиће Ацаи по укусу

b) Колекција амазон енергетска пића Цонсуме дринк Производ оригинал Ацаи енергетско пиће Врста пића

95. Ацаи џин и тоник

Производи: 1 коктел

САСТОЈЦИ

- 2 ½ унце џина
- 1 унца сока од лимете
- 1 кашичица органског Ацаи праха
- 5 унци тоник воде

УПУТСТВА

a) У шејкер за коктеле додајте џин, сок од лимете и Ацаи прах.

b) Протресите 30 секунди са ледом.

c) Напуните две мале чаше ледом и процедите мешавину џина и лимете преко врха.

d) Прелијте тоник водом и украсите љубичастим цветом. Ако користите суви лед, додајте комад у коктел пре сервирања.

96. Коктел од малине , ризлинга и асаи

Производи: 1

САСТОЈЦИ

- 1 део сока од малине Ацаи
- 1 део ризлинга
- Клуб сода
- Свеже јагоде, нарезане

УПУТСТВА

a)Додајте једнаке делове Ацаи малине и ризлинга.

b) Врх са клуб содом.

c) Украсите свежим јагодама.

97. Смоотхие од вишње и ваниле

Произвођачи: 2

САСТОЈЦИ:

- 1 шоља смрзнутих трешања без коштица
- $\frac{1}{4}$ шоље сирових ораха макадамије
- $\frac{1}{2}$ банане, исеците на коцкице
- $\frac{1}{4}$ шоље сушених гоји бобица
- 1 кашичица чистог екстракта ваниле
- 1 шоља воде
- 6 до 8 коцкица леда

УПУТСТВО:

a)Ставите све састојке осим сладоледа у блендер и мешајте док не постане глатка и кремаста.

b) Додајте лед и поново обрадите. Пијте ледено хладно.

98. Смоотхие од гоји и чиа јагода

Произвођачи: 2

САСТОЈЦИ:

- 1 кашика гоји бобица
- 1 кашика јагода
- 1-инчни комад штапића цимета
- 2-4 кашике чиа семена
- 1 кашика кокосовог уља
- 16 унци. кокосова вода
- ⅓ шоље семена конопље
- 2-3 велика листа кеља
- 1 шоља смрзнутих бобица
- ½ смрзнуте банане

УПУТСТВО:

а)Ставите гоји бобице, цимет и чиа семенке у блендер и додајте довољно кокосове воде да се добро покрије. Оставите да се намаче око 10 минута.

b) Ставите преосталу кокосову воду и састојке у блендер и ставите на одговарајућу поставку Смоотхие, додајући додатну течност за жељену конзистенцију.

99. Микс Гоји Берри Смоотхие

Произвођачи: 2

САСТОЈЦИ:
- 2 шоље јагода
- 1 зрела банана
- ¼ шоље гоји бобица
- 1 шоља мешаних смрзнутих бобица
- 1-инчни комад корена ђумбира
- ¼ шоље кокосове воде

УПУТСТВО:
a)Додајте све састојке у блендер.

b)   Украсите сецканим кокосом и јагодама.

100. Смоотхие од гоји, манга и баобаба

Прави: 3 шоље

САСТОЈЦИ:
- 2 шоље воде
- 1 манго
- $\frac{1}{4}$ шоље гоји бобица
- 5 урми, без коштица и натопљених
- 2 кашичице праха баобаба

УПУТСТВО:
а)Блендирајте све на јакој температури око 30 секунди у блендеру велике брзине или 60 секунди у обичном блендеру.

ЗАКЉУЧАК

Честитамо, стигли сте до краја Суперфоод Китцхен! Надамо се да сте уживали у откривању невероватне моћи суперхране и да сте пронашли обиље инспирације за укључивање ове хране богате хранљивим материјама у своје свакодневно кување.

Знамо да кување са суперхраном за неке може бити ново искуство, али надамо се да вам је ова куварица показала колико лако и укусно може бити. Било да сте искусан професионалац или радознали почетник, укључивање суперхране у кување је фантастичан начин да побољшате своје здравље и благостање.

Запамтите, кључ успешног кувања суперхране је да одаберете висококвалитетне састојке, пажљиво пратите рецепте и експериментишете са различитим укусима и текстурама како бисте креирали сопствена јединствена јела.

А ако сте уживали у овој куварици, обавезно проверите

9 781783 575718